THE PATH TO PURPOSE

目标感

帮孩子找到生活的热爱和人生规划

William Damon
[美]威廉·戴蒙——著
成实 张凌燕——译

国际文化出版公司
·北京·

图书在版编目（CIP）数据
目标感 ／（美）威廉·戴蒙著 ；成实，张凌燕译．-- 北京 ：国际文化出版公司，2020.11（2022.4重印）
ISBN 978-7-5125-1248-1

Ⅰ．①目… Ⅱ．①威… ②成… ③张… Ⅲ．①家庭教育-教育心理学 Ⅳ．①G78

中国版本图书馆CIP数据核字(2020)第206153号

北京市版权局著作权合同登记号：图字01-2020-6308号

目标感

作　　者　[美] 威廉·戴蒙
译　　者　成　实　张凌燕
总 策 划　鲁良洪
责任编辑　汤万星
统筹监制　阴保全
美术编辑　丁鉷煜
封面设计　彭振威设计事务所
出版发行　国际文化出版公司
经　　销　国文润华文化传媒（北京）有限责任公司
印　　刷　文畅阁印刷有限公司
开　　本　880毫米×1230毫米　32开
　　　　　9印张　148千字
版　　次　2020年11月第1版
　　　　　2022年4月第4次印刷
书　　号　ISBN 978-7-5125-1248-1
定　　价　56.00元

国际文化出版公司
北京朝阳区东土城路乙9号　邮编：100013
总编室：（010）64270995　传真：（010）64271578
销售热线：（010）64271187　64279032
传真：（010）84257656
E-mail：icpc@95777.sina.net

真正懂得我们每一位儿童青少年成长的规律，才能有的放矢地把其培养成人，成为社会和家庭共同期待的人才。

林崇德
北京师范大学教授
中国心理学会前任理事长

目录

Contents

| 第 3 章 |

疏离者是指那些在我们调查和访谈中没有陈述任何目标的人。空想者表达出了关于他们想要实现的目标的想法，但他们很少或几乎不会采取积极的行动在现实中去尝试他们的任何想法。浅尝辄止者是指那些已经参与了一些至少看上去带有潜在目标感的活动，但是他们对这些活动“超越于当下”的意义几乎没有什么意识。目标明确者，是指那些已经找到了有意义的事情，并且愿意为此献身的年轻人，他们对这件事的兴趣已经持续了一段时间，并且能够清晰地表达出他们想要努力达成的目标是什么，以及为什么……

目标感

这些具有高驱动的年轻人的特别之处在于他们的目标格外清晰。目标的明确使他们产生了让人吃惊的格外积极的活力，这些活力不仅驱使他们充满激情地追逐目标，还可以让他们习得完成此项任务所需的各种知识和技能。在过程中，他们成了很棒的学习者，并培养出了在他们这个年龄很少人具备的执行力……

05 目录

目标感

07

目 录

写在《目标感》出版之际

Foreword

5 年前，我受版权引进方委托，组织了全国 45 位心理学专家，带领近百人的团队，历时 3 年完成由威廉·戴蒙（William Damon）与理查德·勒纳（Richard M. Lerner）主编的《儿童心理学手册》（全 8 册）翻译工作，在华东师范大学出版社顺利出版，并获得了第二届中国出版政府奖图书奖提名奖。

日前，得知威廉·戴蒙这位权威心理学家开展心理科学优秀成果普及转化，撰写了一部品质高端、通俗易懂的力作《目标感》，将由国际文化出版公司引进并出版发行。对此，我甚感兴趣。《目标感》是一本儿童青少年“理想教育”著作，全书分 7 章，不仅阐述了人生目标的实质、特征、意义、影响因素和操作方法，而且还附有“青少年目标研究中的调查问卷”，不愧是一部名家的大作，也是今天我们学校里开展生涯发展规划教育的优良读本。

《目标感》的读者面较广，家长、教师以及中小学生都是读者群。我希望咱们中国父母、教师和学生阅读这本书时，可以从不同社会环境的角度去了解、对比不同地区儿童青少年心理的共性与差异，更好地领会作者的人生目标和生涯发展规划的含义和精髓之处，因为只有这样，才便于真正懂得我们每一位儿童青少年成长的规律，才能有的放矢地把其培养成人，成为社会和家庭共同期待的人才。

林崇德

北京师范大学教授

中国心理学会前任理事长

2020 年 6 月 28 日

前言

Foreword

在作为心理研究学者的职业生涯中，我总是选择自己感觉有趣并且重要的主题来研究（否则我为什么要自寻烦恼呢？），从不强迫自己去探究某一特定的主题。研究“目标”想法的出现，却有些不同。感觉它不只是又一项课题，而更像是我过去 30 年来做的关于道德承诺、品格教育以及人类发展等研究汇合而成的最终成果。此外，当一种普遍存在的空虚感已成为当今时代最大的心理隐患之一时，对我而言，关于目标的研究就有了极其重要的社会意义。

在早前的研究中，我曾多次接触到目标的概念，但都是以模糊而间接的方式，就好像是在透过一个不能准确聚焦的望远镜观察世界一样。我早期的研究都不是关于目标本身的，而我现在明白，这么多年来我一直试图去理解的很多东西，事实上都与目标有关。我和安·柯比（Anne Colby）开展的一项关于“非凡的道德承诺”的研究发现，那些追逐崇高目标的人总是心怀喜悦，即便是要付出持续的牺牲，他们也感觉有使命在驱使自己这样做。在随后进行的一系列关于行业内“做得很棒”、具有社会影响的人的研究中（与霍华德·加德纳[Howard Gardner]和米哈里·契克森米哈赖[Mihaly Csikszentminhalyi]一起），这些人竟然能清晰地回答我们提出的诸如“你想要努力实现的目标是什么”以及“为什么”这样的问题，这让我深感震惊。他们心中始终有一个崇高的目标，驱动着他们每天努力向前。这个目标是他们的终极关切，对他们取得个人成功至关重要——让他们充满活力；在实现目标时，赋予他们满足感；在遇到阻碍时，又给予他们坚持的决心。后来，我被邀请去帮助创办一些教育类的工作坊，帮助那些处于职业发展期的记者们在工作中表现得更加出色。我和我的同事们发现，在培训工作坊中，最有效的开场白是：“你在工作中想要努力实现的目标是什么？”

这促使我想要调查一下年轻人是如何在生活中寻找他们的目标的。处于青春期的孩子有目标吗？如果有，他们是如何获得这些目标的？除了与职业相关的目标，还有哪些目标可以激励当下的年轻人？如果年轻人无法找到可以让其投身的目标，会出现什么情况？本书是我和我的学生在对这些问题进行了初步调查研究之后，对所获得见解的首次呈现。

这是我写的关于少年发展的第三本书（似乎每十年一本），1988年的《儿童道德》（*The Moral Child*），1995年的《更高的期望》（*Greater Expectations*），以及现在这本《目标感》（*The Path to Purpose*）。回过头观望，我发现每本书在一定程度上都是一个时代的产物。在20世纪80年代，对于影响美国文化思潮并开始渗透到校园和媒体的道德相对主义，我深感担忧。在《儿童道德》这本书中，我充分论证了核心道德价值观具有的普适性，并且明确了对年轻人开展道德教育的重要性。

事实上，到了20世纪90年代，关于该如何养育孩子，完全被另一种潮流所主导，它质疑传统的道德标准，甚至把任何一种标准都视为麻木冷漠的传统主义的残留物。自尊成了养育的终极目标。父母被建议要避免过于坚持权威，不要逼迫孩子去努力做到优秀以应对各种挑战，不要用道德标准约束他们的行为，以免给脆弱的孩子造成“心灵创伤”（只是想当然地认为）。作为对此的回应，我当时写了一本《更高的期望：克服家庭与学校的骄纵文化》。这一次，我相信人们听进去了（不只是我，还有一些和我持相同观点的社会评论家也表达了同样的担忧）。

到了20世纪90年代末，我们听到一些教育工作者和政府官员在探讨关于青少年的政策时，会提到诸如“高标准”和“品格教育”这样的词。一些状况开始有所改善：青少年犯罪在一定程度上减少了；年轻人中参与志愿者服务的人数出现激增；大多数“专家”也不再把自尊当作人类发展的最高目标。我相信，这些都是好的发展趋势，能够培养年轻人的各种技能，以提升他们的幸福感和未来发展前景。从各方面来看，当下的很多年轻人都在茁壮成长。

但是当下的时代也存在着风险，并且还非常严重。当前最普遍的问题是空虚感。在年轻人本该确立志向，并朝着这些目标努力前行时，空虚感却将其中很多人长期困在了一种漂泊的状态中。对现在的很多年轻人来说，冷漠、焦虑已成为主导情绪，无所事事，甚至愤世嫉俗取代了他们本应散发的朝气蓬勃。

这并不是一个用老办法就能解决的问题。事实上，就这一问题而言，我和其他人所主张的对孩子“高标准”，并不是一个最终的解决方案。“当年轻人面临生存挑战、追逐成就以及服务他人时，他们会做得最棒”，这个我至今仍深信不疑的观点，并没有回答最根本的问题：“出于什么目标”或“为什么”。对于年轻人而言，这样的考虑意味着要开始去问下面这些问题并寻求答案。

付出所有努力和他人所寄予的拼搏，我希望达成什么？

有没有更深层次的目标可以赋予这些努力以意义？

什么对我来说是重要的？

为什么它是重要的？

生活中我的终极关切是什么？

除非我们专门针对这些问题与年轻人开展对话，否则我们能对他们施加的影响真的非常有限，只能眼睁睁地看着他们陷身迷茫、漂泊、自我怀疑和焦虑状态而无法自拔——当在工作和奋斗过程没有目标感的时候，这些感受常常就会伴随出现。

青春期是充满理想主义的时期，年轻人总是会认真听取关于如何实现人生抱负和追求充满激情的生活的建议。但是此类建议，通常只在他们日常生活的间隙（比如毕业典礼，或其他仪式性场合）获得，并且往往还是泛泛而谈，缺乏对执行的细节指导。年轻人想知道的是：在疲于应对竞争、工作上的各种要求和社会中的不同责任的现实世界中，我如何才能设法找出一些既能带来回报，同时又富有意义的事情？如何在追求梦想的同时，又不至于“把自己耗干”，不得不减少留给自己和家人的时间？我如何能作为重要的社会一员谋取生活，同时还能给世界带来积极的改变？这些是年轻人或早或晚要面对的，为了作出重要的人生选择而必须解答的问题。

或许他们能在中学或者大学找到这些问题的答案。我也希望事实如此。大多数的中学都擅长培养学生的基本技能，近些年来它们在这一方面有很大进步。大学则擅长让年轻人接触各种各样绝妙的想法，接受文化的熏陶。所有这些教育的“礼物”以无法衡量的方式丰富着学生的知识和生活。但是，当谈到“引领学生走向他们发现既能获得回报又有意义的未来道路”时，我们的学校就“露怯”了。学生们学到的都是他们认为没什么用处的零碎知识，如果要在这两者之间建立关联的话，即，向学生展示为什么“一个数学公式”或“一堂历史课”对于一个学生可能想要追求的目标来说是重要的，它们是如何联系的，学校在这一方面做得还远远不够。

如果你旁听一堂课，听听老师要求学生做些什么，你会听到大量的作业、考试说明以及很多的练习题。如果你能听到老师认为学生应该完成这些任务的理由，无非一大堆狭隘的、功利性的目标，例如在班级里表现出色，取得好成绩，以及不要成为落后者，或者如果学生们幸运的话，他们会听到学会一技之长的益处。但你少有机会（如果有的话）听到老师和学生讨论，这些任务可能导向更深层的目标。为什么人要读诗或写诗？为什么科学家要研究断裂基因？为什么我自己曾这么努力地想要成为一名老师？令人难以置信的是，在我研究青少年发展和教育的这些年里，我从未看到哪位老师跟他的学生分享过自己进入教育行业的原因。就这一点而言，我也没在家庭中或是面向青少年的媒体节目中听到过关于"我们付出努力的更深层意义"这方面的对话。如果我们都很少让年轻人关注到我们在生活中想要努力追求的意义和目标，那么我们怎么能期望他们在正在做的事情上寻找到意义呢？

我的研究以及这本书也有目标：充分证明目标对青少年发展具有的头等重要性。我希望向所有关心青少年的人证明这一点，无论是父母、教育工作者、科学家、青少年发展领域的专家，还是社会大众——这些少年在未来某一天也会成为其中一员。在这些人中，对目标的概念已经有了一定的了解。在心理学领域，先前有一些关于青少年目标的研究（虽然不如预期的那样多）。里克·沃伦（Rick Warren）在2003年出版的畅销书《目标驱动的人生》（*The Purpose-Driven Life*），让公众从信仰角度对这一概念有了广泛关注。新兴的积极心理学领域也一直将关注的热点聚焦在目标带来的益处上。然而，在我们想要努力通过我们的工作为年轻人带来建设性影响时，目标仍是一个未被充分利用的工具。尽管在大众媒体和其他公共场合有关于目标的各种讨论，但是在人文科学中，在我们大多数家庭中，在几乎我们所有的学校当中，换句话说，在所有试图理解年轻人，以便更好地促进年轻人健康发展的场合，目标仍是个边缘性话题。我希望这本书有助于改变这种状况。

威廉·戴蒙

于加州帕洛阿尔托

2008年1月

第1章 漂泊的青春

Young Lives Adrift

当下的年轻人能清楚地意识到，他们需要在人生的某个时间点完成从青春期到成年的过渡。这种意识本该成为对未来充满希望的人产生热切期望的源泉，但对其中大多数人而言，带来的却是隐约不祥的预感，或是更糟糕的、让人耗费精力的焦虑，并进而让个人的发展止步不前……

在当下时代，一个年轻人的生活前景是如此的充满不确定性。仅仅在几十年前，几乎所有的年轻人在青春期快结束时，都会知道他们将在何处生活、将从事什么样的工作，以及自己会跟谁结婚。而如今，大多数年轻人直到已步入成年，对于这些问题仍没有清晰的答案。经济全球化带来了更多的机会，也带来了更多的压力，很多年轻人要离开家乡，到远方去寻找发展的机会。甚至很多受过良好教育的年轻人，也会花数年时间去从事一些临时性工作，而不是投身到一个稳定的职业领域。事实上，“永久性职业”这一概念已经为人们所质疑，因为很多职业正在演变成一连串相对“短期”且“不是紧密相关”的工作。至于说组建个人家庭，世界各地的年轻人结婚的年龄都在延后，或是完全拒绝婚姻。照目前的趋势发展下去，选择不婚的年轻人的数量还会持续增多，或者他们要等到快过了生育年龄再走入婚姻。

面对如此的变化，当今的一些年轻人很乐于接受，并且会拥抱其中所蕴藏的新机会。这样的年轻人已为未来构建了清晰的愿景，他们有着很强的自我驱动，充满活力，积极乐观，并且为实现个人抱负制订了切实的计划。对自己充满自信，他们享受着探索世界的过程，以及对个人潜能极限的不断挑战。不再需要任何的保护和激励，他们会跨越遇到的任何阻碍。总之，他们找到了一种很强的目标感，而这一感觉不断激励着他们，并指引着他们前行的方向。

然而，他们很多同龄人的内心却仍在经历着痛苦挣扎。在步入成年，面对一些重要的选择时，他们感到自己在个人成长和社会发展方面好像处于一种“漂泊状态”或者被“卡壳”了。现在，相当多的年轻人在接纳成年生活角色，如“父亲或母亲”“职员”“丈夫或妻子”“公民”时，都会迟疑不决。

从美国到日本再到欧洲，年轻人“延迟承诺”的现象在工业文明世界都普遍存在。举一个极端的例子，有报道称，意大利大多数 30 岁的年轻人还跟父母生活在一起，他们既不结婚，也没有全职的工作。在美国，一项针对 18 ～ 24 岁的年轻人的研究通过调研发现："对他们大多数人而言，婚姻、家庭和孩子不是想要追求的'成就'，而是要去规避的'风险'。"[1]

英国首先在政府层面注意到"未就业的青壮年"日益增长的现象，在 5 年前的一份国家报告[2]中，首先提出了"年轻啃老族"的概念（"既不'在读'，也没有'就业'，又没有'参加就业辅导'"）。日本政府报道称，有近百万年轻人成了"啃老族"，并对此发出明确的警告，而这是在一个以"稳固的世代工作伦理"而著称的社会。在这两份报告中，都没有提到"经济放缓"问题。欧洲、亚洲，美国以及其他工业化国家和地区，经济都在保持快速增长，给年轻人提供了充足的就业机会。但是很多年轻人仍犹豫不决，或许是因为面对生活的不确定性而感到气馁，或许是因为他们畏惧作选择带来的所谓"风险"，又或许是提供的这些工作机会和发展前景在他们看来是毫无意义的，无法激发他们的兴趣。年轻人的种种"迟疑"背后隐藏的原因，令很多父母和教育工作者百思不得其解，甚至开始为这些还没有找到什么方向和决心可以让生活变得更好的年轻人感到担忧。

很多父母还表达了他们的担心：他们的子女可能变成"回巢一族"，在本该展翅高飞的年纪，却又回到了家庭的巢窠，父母们一开始还能以幽默的方式谈论这件事情，但随着时间的推移这种幽默就变得越来越少。我把它称为“如何才能让我那乖女儿从地下室搬出去”问题。当然，并不是所有的父母都会对子女“花比一般人更多的时间自谋生路”感到困扰。这个问题存在积极的一面：它暗示了一种亲密关系，而这种亲密关系在过去几十年中都是被很多家庭忽视的。现在，已成年的孩子还是感觉待在家里比较舒适。他们也确实喜欢待在父母身边，与上一代人相比，他们更能开放地与自己的父母沟通。

这个问题因媒体的报道而为更多人关注。在 2007 年 5 月的《财富》（*Fortune*）杂志上，纳迪拉·希拉（Nadira Hira）用轻松愉悦的笔调写了一篇关于“婴儿潮一代的孩子们”的报道，她认为自己也是其中的一员。她以客观的笔调赞扬与她同时代的年轻人拥有的过人天赋、活力和创造力，并以例证说明，“我和同龄人遇到的所有问题和质疑，将引领我们去探寻一些重要的答案”。同时，随着困惑和自我探索期的延长，也就延迟了向“永久性工作”和“建立个人家庭”的过渡，这种“延迟”超越了以往任何一个时代。希拉援引了一份对 2000 ～ 2006 年间美国大学生的调查，该调查表明，每 3 个学生中有 2 个在毕业后搬回了父母家，其中一半以上的人在家里待的时间超过一年以上。她引用了一个 28 岁的年轻人（他写过关于这一主题的书）的描述：

“如果不喜欢一份工作，我们就辞职，最糟糕的情形不过是又重新搬回家里，这不是什么丢脸的事情……我们的妈妈最喜欢做的，莫过于给我们做可口的肉饼。”另一个 24 岁的女生也表达了相似的观点：“我认为父母也希望感觉到自己被他人需要，我是很独立的孩子，在我请求帮助时，他们会非常开心。”

父母对孩子的爱是世界上最无私的奉献，幸运的是，事实上大多数父母都乐于做所有事情以尽可能帮助子女成长。同样，大多数子女也可以充分信任地期望父母满足自己的需求，这也是一件好事。但是我并不确信，绝大多数父母都希望把自己最好的年华用在满足孩子的基本需求上，也不相信这样做对子女来说是真正最有益的。真正能给他们带来益处的，是帮助他们找到一条人生道路，让他们能为自己的家庭，甚至为这个世界作出贡献。

最根本的问题，不是父母应该在子女生活中发挥什么作用，而是子女应该如何实现自我价值。在青春期阶段，进行一些反思和尝试是有益的。青春期是发展的过渡阶段，就像是个体走向拥有成熟的自我认同之路上的一个中转站。这一生命阶段据说是以进入青春期为起点，以对成年人的社会角色（如上文所提到的父亲或母亲、丈夫或妻子、职员及公民）作出郑重承诺为终点。在向成年过渡的关键时期，年轻人花些时间来审视自己、思考未来，寻找到最符合个人志向和兴趣的机会，这是明智的。对于很多年轻人来说，可能都有必要在青春期经历更长时间的自我探索和反思，以便建立充分的自我认同和寻找积极的人生方向。这就是著名心理学家爱利克·埃里克森（Erik Erikson）曾描述的建设性的“延缓偿付期”[①]。的确，在某些人的生活中，为了更好地完成“身份认同”，他可能会经历长达数年的选择延缓期。

然而，当今很多年轻人的延迟，呈现出了一系列让人担忧的特征，最主要的问题是很多的年轻人似乎并没有在积极寻求解答。他们的延迟，可以说更多的是优柔寡断，而不是积极反思；更多的是方向迷茫，而不是追逐明确目标；更多的是矛盾心理，而不是内心坚定。缺乏方向感，无论是从个体发展还是社会角度来看，都不是建设性的“延缓偿付期”。缺乏方向感，机会会转瞬即逝，并可能由此造成自我怀疑和偏执。不良的习惯开始逐渐生根，而好的习惯却无法建立。当然，这并不是说存在一个关键期，只有在这一时期才能获得使人生丰满的方向感。

① 美国精神分析家埃里克森将“延缓偿付期”（Moratorium）的概念引入发展心理学，意在强调年轻人虽然在生理上已表现出足够的成熟，但是可以在履行社会义务和责任方面适当予以延缓。有了这种社会和心理的延缓偿付，青年便可以利用这一机会通过实践、检验、树立、再检验的往复循环过程，决定自己的人生观、价值观以及自己的职业，并最终确立自我同一性。——译者

我所强调的是，在本应做好准备的阶段过度延迟会带来严重的风险，年轻人可能把“寻找积极方向”“在这一方向上坚持”“培养实现方向性目标所需要的各种技能”等任务都统统抛到脑后。

当下的年轻人能清楚地意识到，他们需要在人生的某个时间点完成从青春期到成年的过渡。这种意识本该成为对未来充满希望的人产生热切期望的源泉，但对其中大多数人而言，带来的却是隐约不祥的预感，或是更糟糕的、让人耗费精力的焦虑，并进而让个人的发展止步不前。延缓接纳成年人的社会角色，事实上也是在缓解焦虑和抑郁。但如果年轻人不去承担任何职业、家庭及其他重要的社会责任，他就无法获得走上正轨的支点。这种责任的脱离会随着时间的推移变得让人越来越难以忍受。它会一直持续下去，并极大地耗费人的心力。

我并不是想要暗示现在大多数的年轻人都已深陷困境，或者面临着随时可能发生的危险。事实上，从大多数指标来看，现在年轻人的幸福感要比 10 年前或 15 年前的更高一些，至少不低于之前的水平。在美国，现在青少年出现早孕的可能性比 10 年前要低一些；暴力和犯罪倾向有所下降；他们在一定程度上不易受到毒品的诱惑；出现主要饮食障碍的情况有所减少（肥胖症除外，与成年人的情形相似，肥胖症在青少年中仍呈上升趋势）。大多数学生在学校待的时间更长了，并且出勤率也有所提高。学生们更加努力，学习更多的东西，至少从最新的测验成绩上来看是如此。很多年轻人的日程表上排满了各种活动，从体育运动，到艺术活动，再到徒步和露营俱乐部。尽管近10年来多次登上美国媒体头条的“青少年问题”仍未得到很好解决，但它们已不再呈现恶化趋势，并且在很多地区逐步获得了改善。的确，就像我在一开始所说的，今天的很多年轻人正在茁壮成长。

但是一些年轻人只是表面看上去过得很好，其中很多人似乎被“卡壳”了，他们漫无目的，不知道生活中到底该做些什么。他们可能没惹麻烦，并且也完成了我们交代给他们的事情，但实际上他们处于一种漂泊状态，没有明确的方向感。他们看上去走在人生的正轨上，但距离脱离或者冲出这一轨道只差一步之遥。还好，他们中的很多人已经意识到生活中似乎缺少了什么，尽管很多时候这种意识只能通过间接的方式表达出来，比如对于焦虑（“压力太大了！”）、玩世不恭（“这关我什么事！”）或冷漠（“无所谓，随便怎么样吧！”）的表达。年轻人身边却鲜有人知道困扰他们的是什么，除非出现极端的情况，无法茁壮成长的危机将“缺乏目标感”这一无可回避的原因暴露出来。

年轻人身上常常缺乏的——并不是说普遍如此，只是在当今极少数年轻人身上较为明显——是对一件事情全身心地投入，或是可以衍生出一系列目标的兴趣，以及可以赋予生活意义和方向的目标。

一项关于年轻人目标的研究

这个问题到底有多严重？大约在 7 年前，我开始了一项调查，研究如果一个年轻人找到（或没有找到）人生的目标，他的生活中会出现什么变化。从我早期对这些青少年在现实世界中寻找出路的观察来看，我开始怀疑，获得茁壮成长的年轻人与彷徨不定的年轻人之间的主要差异，有可能取决于他们是否找到了一个有强大吸引力的目标——在职业方面、组建个人家庭方面，或是以其他方式改变世界方面。另外，我还推测很多年轻人身上的“不满”和“焦虑感”与他们的“缺乏目标感”相关。在我要对这个问题进行更详细的研究之前，心理学的大量研究已经表明，“追逐积极的人生目标”与“生活满意度”之间存在着一种强关联。

关于“目标在年轻人生活中发挥的作用”，我和我的研究团队进行了一系列的调研，其中包括对美国几个地区的青少年做的问卷调查和深度访谈。我们还对一些具有“超强目标感”的年轻人开展了个案研究，他们中很多人从小就发现了这样的目标。在本书的第 3 章和第 4 章中，我会对这些研究进行详细、全面的描述。在这里，我先简单提一点，我们发现在这个社会中，具有强烈目标感的年轻人只是个别情况，并不是普遍如此。

我们通过访谈和调研发现，在 12 ～ 22 岁这个年龄段，每 5 个年轻人中仅有 1 个人能够清晰表达出他们“想要去什么地方”“人生中想要实现什么”，以及“为什么要实现这样的目标”。大多数受访者，几乎占到 60%，或者已经在从事一些有潜在目标感的事情，或者已经培养出一些模糊的志向，但他们却缺乏对这些事情真正的全情投入，也没有关于实现个人抱负的任何实质性计划。其余的年轻人，在我们初次研究的受访者中大概占到 1/4，则是对未来根本不报任何想法。一些人声称，他们看不到追逐任何目标的意义。

无所事事的汤米

汤米，一个来自宾夕法尼亚州的 18 岁男孩，是在我们的访谈中表现出“毫无目标感”的年轻人之一。他当时在读大一，他对学校里所学的东西没有任何积极性，但他认为自己也没有什么理由退学，因为他知道校园之外也找不到什么其他更好的选择，并且他发现学校里的那些功课“很好混”。事实上，他说他对现在这种漂泊状态“很满意”，他颇为自满地说道，他相信无论自己是否投身于什么事情，到最后都会“船到桥头自然直”。他的脑海中没有任何特定的目标，对于自己未来会过上什么样的生活表现得漠不关心。

这种冷漠的态度反映在他日常的决定，以及更广泛的层面。关于选课这件事，他说：“我不知道我下学期要选什么课，学校要求你选一些课。我会说‘我去！’，然后用丢个硬币什么的来做决定。”问他将来的打算，汤米对自己没有任何考虑感到相当满足：“我真的对未来没有目标，这有什么大不了的吗？到处旅行很有趣。我会很乐意去，尤其是如果有人肯为我支付相关费用的话。”

汤米就是当今不需要任何目标或抱负的众多年轻人之一。其中一些心怀不满的年轻人，就像汤米这样，对于缺乏方向感，并不感觉受到什么困扰。另一个接受访谈的来自新泽西州的17岁男孩，用这种方式接纳他的无目标感：“保持冷漠的做法对我来说还挺奏效……如果你不在意，事情就不会自己找上门。就目前来说，就这么懒下去吧，管它呢。”

至少到目前为止，这些年轻人并没有因为自身的情绪状态而抱怨，反而经常声称他们感觉“很快乐”。但是，“无目标感”就像他们所认为的那样，能够通达快乐吗？的确，无目标感和享乐主义是相兼容的，很多无所事事的年轻人也确实说他们过得很快乐。但是，心理学家在近年来对“快乐”的研究中发现，这些没有任何目标和投入的人体验到的“享乐性质的快乐”是非常短暂的，并且最终带来的是空虚，尤其是与能带来持久、充沛的满足感的心理学家马丁·塞利格曼（Martin Seligman）所说的 “真正的快乐”相比。[3]即使从享乐主义的角度来看，这些无所事事的年轻人过得也远非快乐。

对于大多数无所事事的年轻人来说，缺乏方向感带给他们的更多的是烦恼。他们诉说了内心的焦虑，以及因为无法掌控生活而感觉“被卡壳了”。他们对自己很失望，为生活赋予他们的经历而感到沮丧。他们因自己生活的空虚和缺乏意义而感绝望。

被困住的本杰明

在我们对一个 12 岁的孩子本杰明做访谈时，他已经“对不知道自己将来长大了要做什么感到焦虑”。他告诉我们，他把大多数时间都花在做作业上，但是极少能从中感到满足。“大多数时候，”他说，“我想要去外面待着，什么也不做，就是放松一下。”本杰明学习如此努力主要源于妈妈的压力，她“认为我就该好好学习……她想要我成为她朋友孩子中最优秀的那一个”。在他的妈妈看来，本杰明的未来在于“学习各种专业技能，以便获得一份好工作”。另一方面，本杰明很喜欢音乐，梦想有朝一日能成为一名歌手或舞者。他的这一梦想并没有得到家人的支持：我妈妈“希望我有自己的选择，但是她希望我选择数学或科学”。所带来的结果是，本杰明对每天自己做的事情没有投入感，感觉是被外力推着向前走。他顺从了父母的意愿，但感觉很不开心：“我喜欢表演、唱歌，我真的喜欢做这些事情，但是我妈妈说‘不，你不可以’……我被困在一个笼子里了。”

对于无法坚持自己选择的方向，本杰明感觉很受挫。他可以看到，父母为他考虑的未来生活在他看来是毫无意义的，认识到这一点让他感觉很困顿和焦虑。在学校的这几年里，本杰明或许还有时间为追逐个人兴趣而争取支持。对于其他年轻人来说，也许要花更长的时间才能认识到，他们所走的人生道路并不能带来一种目标感。那些没能找到人生目标的人，在他们步入青壮年期，开始审视自己生活方向时，会对突如其来的空虚和痛苦感到大吃一惊。

总想逃离的杰西卡

现年 27 岁的杰西卡，在学校时各方面都表现相当出色。她就读于知名学院，并获得奖学金参加一个顶尖的研究项目，在毕业时拿到了几家公司的工作邀请，这些公司都想要将其招致麾下。无论在运动方面还是学业方面，她都算得上是学校里的明星人物。不过，杰西卡从来没有考虑过要成为一名学者或专业运动员。事实上，除了旅行以及和朋友一起闲逛之外，她的生活中没有什么活动能让她获得持久的快乐。尽管她多数课程都学得不错，但没有一门课能激起她足够的兴趣想要进行更深入的学习，她顶多是在空闲时间里粗略地翻阅一下相关资料。她坚持有规律地运动是为了保持身材，她已对参与的项目失去了兴趣；除了偶尔看看电影，其他文化活动她几乎都不会主动参与。

杰西卡说，她总是无法逃脱一种感觉："我做的每件事情都是为了其他人——我的父母、老师、教练，除我之外的所有人。我不想让他们感到失望。"更糟糕的是，尽管她才能出众，但她感到不真实。有一次她大声喊道："我的生活中都是在伪装！"她怀疑自己掌握的知识是否足以胜任一项复杂的工作，她也不确信所设想的任何职业能让自己保持长久的兴趣。结果，一想到未来，她就感到彷徨不安。直到现在，她仍觉得自己不足以胜任任何一份最近收到的工作邀请。她没有接受邀请，决定用一段时间去旅行，直到找到那个相对稳定的人生方向为止。她的决定是合理的，但与之伴随的是痛苦的自我怀疑和焦虑。

杰西卡在"缺乏目标感"的群体中大概处于靠中的位置。

她并没有受到任何深层意义上的伤害，也不处在找到能让她感受激情的人生方向的边缘地带。像这一群体的其他人一样，杰西卡不安地处在一种持续的焦虑和困惑中，不知何时才是尽头。“我从未真正确定这就是我想要做的事情，事情只是自然发生。”她说，“我想这就是我总想逃离的原因——我从未觉得这就是我想要待的或是想要去的地方。”

杰西卡对过去取得的成就感到失望，尽管这些成就获得了父母和老师的夸赞，但却未能帮助她找到一个她真正渴望实现的目标或生活方向。目前，她的状况充满了不确定性，或许她可以在一个自我设定的延缓偿付期内重新“发现自我”，或者趁着年轻，她可以从一种状态漂向另一种状态，却无法从所做的事情上找到持久的意义。

杰西卡的一些同龄人比她的状况要糟糕得多。他们没有杰西卡所取得的一系列成就，没有她已被证明的才华，也没有杰西卡在遭遇挫折时可以从家人和朋友那里获得的可信赖的支持。研究表明，其中很多年轻人已经表现出一系列的心理症状和压力症状（远超出杰西卡不时出现的惶恐不安感）：睡眠障碍、饮食障碍、无法控制的愤怒、社会隔绝、性功能障碍、滥用药物，以及很多其他的自毁倾向。

抑郁和焦虑的少年

英国惠灵顿大学的校长安东尼·塞尔顿（Anthong Seldon）在他最近一期的报纸专栏里评论道：“在中学生和大学生中，抑郁和高度焦虑的状况……已经到了流行爆发的程度。一位伦敦哈利街的精神科医生称，他去年接诊了来自同一班级的 5 名需要帮助的学生，他们的学校在伦敦具有‘很高的学术声望’。在大学里有如此多的学生感到学业难以应对，这难道不让人感到吃惊吗？美国一些最新的研究表明，45% 的大学生都表现出严重的抑郁征兆，这太让人难以置信了。”[4]

最近有本书，写的是关于“一代有着疏离感和不快乐的孩子们”，临床心理学家马德琳·莱文（Madelin Levine）在书中描述了她在接诊过程中的观察，这些受困扰的青少年常常感到内心很空虚。其中一些青少年表现出严重的自毁行为，例如，一个 15 岁的女孩真的将“空虚”两字刻在了左前臂上。经过媒体的大量报道，类似“割腕”这种行为已经引起了父母们的注意，幸而这只是相对较少出现的现象。这里我们更加感兴趣的是，莱文对那些问题并不是很严重的孩子的观察，他们带着典型的少年式忧虑来寻求她的帮助。“其中很多青少年”，她写道，“都很擅长假装表面上一切正常。”他们会抱怨焦虑感和空虚感：“他们真的不开心”。他们对于任何事情都没有热情，在每天的生活中很难找到乐趣。他们用来描述焦虑的话语包括：“无所事事”“不知道为什么就是不开心”，以及说得最多的“总觉得内心缺了点什么”。[5]

观察者注意到，即使是这些青少年中已取得最优异成绩的孩子，他们在早期取得成功的事情上也缺乏持续的投入，这让人感到有些不解。《纽约时报》（*New York Times*）教育专栏作家劳拉·帕帕诺欧（Laura Pappano）在最近的一篇文章里记述了一群成绩顶尖的学生，她称他们为“超人学生”，由于他们已经在中学时期取得如此多的成绩，以至上了大学后发现有些让人感到失望，几乎没有什么挑战能让他们维持兴趣。一位麻省理工学院的学生作为对此的回应，把时间都花在了打水球、玩飞盘、上网以及看电视上。

作者的观点是，受外界对学生期望逐步提高的影响，就长期兴趣而言，一些最聪明的学生可能过早地取得了过多的成绩。此外，这些学生在进入大学后，会对不再给学生施加压力的教育体系提出质疑。她引用一位高等教育管理人员的评论：“为了让孩子进入大学，我们逼迫他们做了那么多的事情，那么在他们进入大学之后，他们要做什么？”

但对此我有不同的观点：如果这些聪慧的学生，能够清楚地认识到自己想要取得的成就“是什么”，以及“为什么要取得这样的成就”，那么他们在大学期间就不会失去动力。如果他们能够从早期的艰苦努力和取得的成就中发现比成绩和奖项更为深层的目标，那么在他们进入大学时，将会依然保持积极的心态。他们到那时会渴望学习更多的知识，掌握更多的技能，以帮助他们更好地实现他们所选择的目标。

在大学期间毫无目标感所造成的负面的心理影响，才是真正值得关注的。表面上看起来很成功但内心却没有方向感，年轻人身上背负的这种痛苦可能最终演变成自毁行为，这是我们最不愿意看到的。在美国的学院和大学里，每年都有很多表现优异的学生有自杀倾向，其中很多人最终失去了生命。据美国疾病控制与预防中心记载的有关青少年自杀的最新报告[6]显示，2004 年青少年的自杀率增长了 8%，是 15 年来增幅最大的一年。高等院校之内，近些年对学生自杀风险的关注正在逐步提高。大学辅导员几乎一致地把这个问题归因于课业负担过重和竞争所带来的压力。我能深切体会对这些绝望而不快乐的学生的关怀，但我不太信服关于“压力”的解释。只要年轻人相信他们正在做的事情，繁重的功课和激烈的竞争就不足以击溃他们。

在一项针对7000名从8年级到高中的美国青少年的跟踪研究中，芭芭拉·施耐德（Barrbara Schneider）和大卫·史蒂芬森（David Stevenson）得出了一个让人感到惊讶的结论：与大众（或者说是媒体）形成的对年轻人“享乐主义”“疯狂玩耍”等印象相反，当今的大多数年轻人都有他们想要实现的志向。但仅有极少数人认为这些志向能在现实中获得实现。“大多数高中生……”作者写道，“怀有远大的志向，但却没有实现这些志向的清晰人生规划。”用作者的话说，他们是“有动机但缺乏方向指引”。这样的结果是，他们会感觉更加挫败、抑郁和被疏远。施耐德和史蒂芬森写道，在年轻人的不幸中似乎隐藏着极大的痛苦。况且，这种痛苦的隐藏本身就是问题。他们在观察中发现，很多父母似乎没有意识到这个问题，作者还指出“很多父母并没有把积极地帮助子女制订未来计划当作是自身的责任”，关于这一点，我在后面也会详细阐述。

2005年美国公共电视网（Public Broadcasting Service, PBS）播出了一部名为《获得学位的人数在下降》（*Declining by Degrees*）的纪录片，该片主要记录了在当下大学生群体中所弥漫的“理想破灭”以及“疏离感”。在片中可以看到，学生在课堂上睡觉、偷懒不做作业，每周都会夜夜狂欢，甚至有不少人以天天饮酒来度过大学四年的“学习时光”。这部片子是对高等教育的尖锐批判，但片子当中渗透的对学生态度的观点，以及对大学教育系统的观点也同样发人深省。片子中描绘的学生都是聪明而友善的，通常拥有相当不错的学业成绩（即使是那些不怎么看书的人似乎也能通过考试，甚至取得很好的成绩）。从更宏观的角度来看，考虑世界上还有那么多人发现自己处于糟糕的境地，可能很难看出这些养尊处优的年轻人的生活中缺少了什么，但确实缺失了一些东西。过去，一些教育家把缺失的元素称为“动机”，我同意，充分的动机正在变得越来越缺乏。但我认为问题的核心在于动机“来源”的缺乏，即缺少了一种目标感。就长远来说，缺乏目标感会毁掉拥有快乐而满足的人生的根基。

“未做承诺”的状态和成年早期

当然，每一代都会有抗拒遵循成年人惯例的年轻人。在一本名为《未做承诺的人：美国社会异化的年轻人》（*The Uncommitted: Alienated Youth in American Society*）的有预见性的书中，肯尼斯·凯妮丝顿（Kenneth Keniston）描述了一群年轻的大学生，尽管他们身份显耀（都是哈佛的学生），但却对社会深感不满。这群被称作“异化的学生”，几乎对他们身边的所有主流价值观、社会角色及生活习惯都表现出愤世嫉俗的态度。尽管他们都受过良好的教育，并且极善表达，但是他们却没有更远大的信仰或人生规划。肯尼斯在书中写道，他们的异化具有意识形态的特征：这些学生已经作出了有意识的、理性的选择，让自己继续处在这种“未做承诺”的状态。

虽然《未做承诺的人》这本书在出版时引起了人们广泛的关注，但书中所描绘的那些年轻人，依照凯妮丝顿所描述，“并不是典型的美国年轻人”，他们在群体中只占很小的一部分。即使在那些有见识的同学之中，他们对于种种社会弊端所表达的充满理智的怀疑和批判，也属于明显的极端。同龄人中很少有人认同他们的不满意识。尽管这些“未做承诺”的学生让人非常感兴趣（或许是因为他们看上去好像是对即将发生的事情的预言者），但从更广阔的层面来说，他们对于美国当今社会的意义并不明了。

当今年轻人的“承诺缺失”和凯妮丝顿所描述的状况还有很大不同。这并不是美国 20 世纪中期那些异化的年轻人所表达的激进思想。当今的“未做承诺”没有任何个人、社会或政治的观点，它没有任何关注点或目标。正是这种无目的的方式，使得这种“未做承诺”显得更加“纯粹”，甚至对“未做承诺”状态本身也不做任何表态。既不是为什么而献身，也不是反对什么，而更像是“某些事物的缺席”——就像是一幅全景图中有一个空白地带。如果换一个时间和空间，这里应被充满活力的活动所填满。

其他研究者也发现了这一趋势，但他们在对这一现象的看法上要比我乐观一些，对此也有不同的解释。例如，心理学家杰弗里·阿内特（Jeffrey Arnett）在他的书《步入成年》（*The Emerging Adulthood*）中以一种敏锐的观察作为开篇：“在过去的几十年中，美国社会的年轻人中发生了一场无声的变革，它发生得如此悄无声息，以至于要慢慢地、一点一点地才被人们注意到。”阿内特还指出，鉴于青春期已经被大幅延长，我们需要为这一新的人生阶段命名。他将其称为“成年早期”——间接指的就是这场“无声的变革”。

阿内特对这一现象持相当乐观的态度，没有掺杂半点矛盾情绪：“身为今日美国的年轻人，就要经历兴奋和不确定性，经历开放的可能和困惑，经历新的自由和新的恐惧。”在阿内特看来，现在延长的“早期阶段”也存在积极的一面，那就是为年轻人提供了一个好机会，使其能更好地规划未来，以便让自身的特殊才能、兴趣和愿望获得更好的实现。但我想说，这种乐观仅适用于一小部分年轻人。对于其他的年轻人，增加对他们的关注，才是我们更恰当的回应。

我也不认为像一些人说的那样，我们普遍把年轻人逼得太紧了。斯坦福大学的心理学家马德琳·莱文（Madeline Levine）将年轻人的缺乏方向感归咎于“过高的期望”“父母的压力”以及“家庭的富裕”。我个人的观点是，正是在较高的期望下，年轻人才能茁壮成长（我在10年前写过一本关于这一主题的书），这样父母才能把注意力更好地放在孩子身上。至于说家庭条件富裕与否的因素，我们的研究发现，在富裕家庭和不富裕家庭成长的年轻人，都有着相似的模式：小部分来自富裕和不富裕家庭的年轻人有着强烈的方向感，并且能全身心地投入到自己所做的事情上；大多数年轻人都在寻找一些能给生活带来积极意义的东西；在两种家庭背景中，只有极少数人不会表现出任何迹象想要努力寻找一些有意义的事情。所以我认为，我们不必拘泥于这些解释，而要从更广阔的层面对问题进行看待。

这就是目标所发挥的作用。我们必须要引起重视，因为如果在生活中找不到明确而可靠的目标感，它所带来的颓废感就会持续很长时间，甚至是一生。

在步入中年时无法获得满足感

几年前，我遇到一群学生，他们刚开始参加一个教师培训课程。这群人中包括刚毕业的大学生，还包括许多 30 ～ 40 岁年龄更大一些的人。在其他领域工作多年后，是什么又让他们回到这里？我很好奇，他们为什么要重新选择人生方向？

在与这些学生进行交谈之后，我发现他们是从法律、医药、军队和商业等领域退出的。从普通人的角度来看，他们并不是失败者。一些人还曾在企业或专业领域找到了很好的工作。但他们都辞职了，并且抱怨的理由非常相似：他们从未感觉到，正在做的事情对他们而言是真正重要的。他们感到空虚和不真实。他们感到沮丧，觉得自己把时间都浪费在一些未能反映他们人生最高理想的事情上面了。简单来说，他们年纪轻轻就对生活感到倦怠。不管他们在一开始从事的是什么工作，在成年早期这一短暂阶段，都未能让他们保持热情，更不用说他们更长久的职业生涯了。

但至少跟我谈话的这些学生在中年阶段迈出了一步，确定一个兴趣，而这个兴趣可能带给他们一个追寻有意义生活的机会。他们或许在教师生涯中会发现他们一直在寻找的东西，或许不会——只有时间能说明结果。在我遇到的其他案例中，早期未找到对个人有意义的工作，就好像是将一锅充满焦虑的挫败和困惑慢慢“煨炖”，最终他们将一无所获。往往是那些看上去已走上正轨的人，会表现出最严重的忧虑感。一位30岁的心脏病专家最近来向我寻求建议和帮助。在并不很长的职业生涯中，这位聪慧的年轻人已经获得了美国东南部复杂外科心脏手术顶级专家的声誉。自然，找他求医问诊的人已排起了长队。问题是，他憎恶这份工作，已经到了早上不想起床的地步。尽管他也尝试过想要从拯救病人生命的工作中找到满足感，但他始终无法摆脱从童年时就开始的“一直的努力只为取悦他人”的感受。他坐立不安地谈论着对未来一成不变的恐惧，从中可以明显感觉到他的不快乐。在我跟他谈话时，他已处在从长期医疗教育中脱离的边缘，想要去找一份能够带来更多个人意义的工作。至于这份工作到底是什么，他连一点模糊的概念都没有。但他的不适已到如此强烈的程度，以至于与保持目前的人生道路相比，即便是跳入一种未知的境遇对他来说似乎也是一种更好的选择。

我们可以将这个故事跟我之前提到的美国公共电视网的纪录片作对比。在《获得学位人数在下降》（*Declining by Degrees*）这部纪录片中，并非每个学生都是在大学里混日子或者中途辍学。其中有一个叫布列塔尼的年轻女生，像片子里所描绘的很多其他学生一样，她当时也很泄气：“因为没有什么事情让我想继续在学校里待着，我没有遇到什么挑战，也没在考虑什么事情……我只是真的不知道‘我是谁’‘我接下来要做什么’以及‘我想要做什么’，这真的让人感到不安。”但布列塔尼比较幸运，与片中的大多数学生不同。就在她快要离开学校时，为了达到科学课的要求，她无意中选修了一门行星物理课。没想到，她竟然对这门课程感兴趣。老师在注意到她的兴趣之后（主要是因为感兴趣本身就足以让她从同学中脱颖而出），跟她坐下来进行了一次认真的谈话。正是这次对话让布列塔尼相信，她可能在科学方面是有天赋的，她甚至能从中获得一种使命感。最后在大学毕业时，布列塔尼报名参加了一个行星物理的研究生课程。“有时，”那位老师后来若有所思地说道，“仅仅一点点鼓励就能带来完全的不同。”

但若真是如此，为什么仍然有这么多的学生在痛苦中挣扎？当下年轻人需要用来寻找目标感的指引——“一点点鼓励”——究竟在何处呢？

我在本书中主张，这个问题很重要的一个方面是，年轻人“目标感缺失”现象，并没有受到能够对他们施加影响的人们足够广泛的重视。实际上，它甚至都不在能影响年轻人的文化机构、大众媒体、学校、市政和社会组织的关注范围之内。尽管我们整个社会都给予年轻人极大的关注和关怀，但对这个问题的理解还有待深入，现在应该关注的是，我们如何才能帮助他们发现他们想要寻找的人生目标。

目标、承诺与年轻人的幸福

为什么目标感如此重要？它对给年轻人带着激励感和崇高理想走向未来能起到什么作用？当然，它给社会带来的好处是不难看出来的。如果不是年轻一代勇于应对重新构建世界的挑战，很难想象我们会拥有一个更加美好的未来。但在本书中，我最关心的不是社会，而是年轻人自身。书中列举的所有例子都是为了说明，找到明确的人生目标对于年轻人在生活中获得幸福感和满足感是至关重要的。而在当今的文化环境下，这件事情做起来比想象的要困难很多。

我说的“人生目标”到底是指什么？“人生目标”就是“终极关切”。它是“为什么”问题的最终答案：“为什么你在做这件事情？”“为什么它跟你有关？”“为什么它很重要？”人生目标是短期目标和驱使大多数日常行为的动机背后所隐藏的深层根源。

短期的渴望会来了又去。一个年轻人可能渴望在考试中取得好成绩、约人去舞会、拥有最新款的游戏机、在篮球队中成为主力，或者是拿到知名大学的入学资格。这些都是渴望，反应的是短期目标，可能有长远的意义，也可能没有。而目标则不同，它本身就是最终指向。

一个人可以改变人生目标，也可以在若干年后增添新的目标，但目标本身的性质是：至少要经历足够长的时期，要作出认真的承诺，并在这一目标上有所进展。目标能够规划整个人生，不只是带来意义，还能为之后的学习和成就的取得带来鼓舞和动力。

我们如何才能帮助年轻人找到通往目标之路？好消息是，我们已充分了解目标在年轻人生活中的重要性，也知道年轻人如何才能培养目标感，并且我们可以采取一些积极的措施有效地引导年轻人找到目标之路。在下一章中，我将介绍发展心理学的重要发现，以及最前沿的积极心理学中的发现，为什么目标感在我们的生活中有如此重要的作用，以及它是如何发挥作用的。第 3 章和第 4 章阐述了我们关于年轻人目标感的一些研究成果。在最后的总结章节中，我为那些希望帮助年轻人找到积极人生目标的人提出一些建议，告诉他们如何在帮助年轻人迈上目标之路的过程中发挥建设性的，甚至是决定性的作用。

第2章

为什么目标对精彩的人生是如此重要

Why Purpose Is Crucial for Thriving Throughout Life

目标是通过让人超越自我并投入到一系列的活动中，来带给个人满足感的。有目标的人不再思考自身，相反，会专注于手头的工作或问题。当他们激发全部身心力量来寻找一个解决方案时，他们可能发现从未想到自身所具有的力量：未曾尝试的才华、新的技能、储备的未被开发的精力……

在大约 200 年前，苏格兰的史学家和哲学家托马斯·卡莱尔（Thomas Carlyle）曾写道：“一个人没有目标，就像是一艘船没有舵。”近代以来，科学研究和通俗读物也一直在关注目标在人们生活中的重要性。例如，里克·沃伦的一本书《目标驱动的人生》（*The Purpose-Driven Life*）就因其观点——我们活在世上的核心任务就是寻找目标——而获得了更多读者的关注。沃伦对于目标的看法源于他的信仰；但他的书产生的影响已远远超出了信仰的范畴，其中包含了许多关于“目标对个人益处”的洞见。沃伦坚定地指出，目标能为我们的生活增添“活力”和“适应力”。持续的活力源于目标中的信念所带来的激励感；而不断增强的适应力则源于对超越于我们自身的事业的坚定奉献。这种坚定奉献抑制了自毁倾向。

在过去几年间，大脑和行为科学，甚至医学研究，都已开始重点地关注目标，以及与其相关的“意义”“计划性目标”“终极关切”等概念，并开始探究它们在幸福感中所起的作用。多项研究表明，一个人的人生目标感实际上与其幸福感有着全面的联系。例如，神经系统科学领域的最新研究发现，在人们观察或从事目标性活动时，大脑的特定区域会出现强烈的反应。当行为被认为是为目标所驱动时，位于大脑中掌控社交和道德判断的特定神经元网会被激活。关于老龄化的研究表明，老年时期健康和幸福感的主要预测因素之一，是这个人是否依然有目标感。研究有精神健康问题和身体残疾患者的科研人员已经发现，帮助他们寻找目标感有助于他们克服心理缺陷。这些研究表明，如果我们能培养出参与目标性活动的倾向，它就会发挥重要作用——激励并指导我们中的许多人作出人生中最重要的选择。

在心理学中，关于目的和意义的研究有着悠久的传统，有丰富的案例可以支持卡莱尔的说法，即目标的作用就像是使我们在精神上保持方向正确的舵。有趣的是，这些案例可能来自很多截然不同的甚至是完全相反的观点。

1946 年，心理学家（同时也是大屠杀幸存者）维克多·弗兰克尔（Viktor Frankl）的里程碑式著作《活出生命的意义》（*Man's Search for Meaning*）出版发行，它对临床心理学和人们对目标作用的认识产生了深远的影响。纳粹分子谋杀了弗兰克尔的妻子、父母和祖父母，弗兰克尔自己也被关押在集中营中达 3 年之久。作为集中营的囚犯，他遭受了奴役、折磨和饥饿，经历了极度恶劣的生活困境。他发现，只有他所下定的要让人们了解他所经历的苦难（并要写下他的反思以此启迪他人）的决心，才能使他活下来。

弗兰克尔紧紧抓住他所写的手稿，就像救生筏一样；他在之后出版了这部手稿，并因此获得了极大的赞誉。他观察到那些拥有目标信念体系，比如有信仰或对人类进步持坚定信念的囚犯，比那些只想勉强维持生命的囚犯，有更多可能在集中营的艰苦环境中存活下来。他继而开创了一种叫作“意义疗法”（Logo-therapy）的临床心理学疗法。这种疗法基于一种洞察：“目标”和“意义”能够促进精神健康，作为保护性因素能预防抑郁和许多焦虑性障碍。这在当时是一种激进的想法，因为大多数临床医师都被灌输了弗洛伊德的观点——神经机能病是潜意识的，需要深入的分析来治疗。弗兰克尔是心理学“认知革命”早期先驱者之一。认知革命十分重视推理思维的作用，该思维通过构建基于目标和意义的积极信念体系来建立精神健康。

爱利克•埃里克森则是从精神分析理论的视角出发，认为“目标明确”是我们在成年时期衡量“重要的个人力量”的一个关键标准。他认为，我们早期的一项基本任务是在童年时就培养起“一种务实的雄心和目标感”。从另一个角度来看，社会心理学家卡罗尔•瑞夫和她的同事们曾在文章中指出“目标”“个人成长”“构建关系的技能”“对生活的掌控感”和“自我感觉良好”之间有着很强的相关性。瑞夫认为，这些元素是幸福感的核心要素，对健康和快乐而言都是不可或缺的。

新兴的积极心理学表明，在一系列会带来幸福的性格特征列表中，目标感占据着显耀位置。该学科研究的是人类幸福的关键激励因素，也因此常常被称为“幸福学研究”。这一新兴科学领域的根基，是一系列结合心理学与经济学见解的发现，以及揭露出的许多关于幸福的不同寻常的真相。这些发现中有一个有趣的悖论，即最幸福的人极少花费大量时间、精力去努力让自己获得快乐。事实上，人们在追求幸福的过程中渴望获得的许多东西，似乎与最终的幸福只有很少的关联。例如，富裕与幸福几乎没有什么联系——除非处于真正的贫困，更多的收入可以带来更多的食物、更好的住所以及医疗保健。地位、荣誉和其他以自我为目标的努力实际上不能使人们获得更大的幸福：这些“战利品”带来的情绪愉悦通常都是短暂的，在最初的光芒闪现过后就会渐渐消散。

就幸福而言，重要的是从事一些个人认为具有吸引力、挑战性和有趣的事情，尤其是这件事情对自我之外的世界能作出有价值的贡献。致力于发现自然真理的科学家、致力于创造新形式美的艺术家，当他们处在解决一个让人痛苦的难题的过程中时，往往是感受最幸福的。

对崇高目标的追求，是专注投入的另一种主要情形。崇高的目标可以驱使一个人为世界作出积极的改变。心理学家丹·麦克亚当斯（Dan McAdams）研究了他将其称为“有生产力的人”的成年人，这些人试图让世界作出积极的改变。他们会高度投入到工作中，以及对后代的养育和教导中。他们希望留下遗产，也关心后代的福祉。换句话说，这些人有很强的目标感。麦克亚当斯的研究表明，与其他成年人相比，这些有生产力的成年人更加健康，也更加满足。他们更有可能参与公民活动，与家庭、教会以及政治团体的联系也更为紧密。他们以乐观的眼光看待世界，认为自己是高效率的人。他们往往把失败看作是学习的机会，而不会让失败把他们击倒。他们相信一时的挫折过后会迎来好的结果。这种健康的人生观不仅会带来一种幸福感，还会为个人的成功创造条件。事实上，对那些有杰出成就的人进行的一项重要研究证实，这些人与一般人的主要区别在于，他们在做事情时会伴随一种高度的意义感。

最近，我和我的两个学生回顾了发展心理学中与目标有关现象的科学文献，发现有多项研究表明，目标在人的青年时期以及之后的繁荣发展中起着关键作用。关于目标在儿童生活中作用的最新研究，对于父母来说特别有趣。在一个研究项目中，心理学家邦妮·贝纳德表明，一些孩子可以从最严重的创伤和逆境中恢复过来。[7] 贝纳德认为，面对困境能呈现出适应力的孩子有四个主要特征：目标感（超脱当下，看到未来的目标）、自主性、社会能力，以及解决问题的能力。在这四者中，贝纳德认为目标感是最核心的，因为它为孩子培养其他特质提供了动力。贝纳德的这项研究在当代青年发展领域具有很高的影响力，她关于目标在儿童适应力中作用的研究已被多次引用。

此外还有些研究表明，目标能够帮助年轻人掌控他们的内心生活，包括时不时会在每个年轻人大脑中闪现的自毁冲动。神经心理学的研究已证实，每个与年轻人一起待过的人都知道：

青春是“激情燃烧”的时代（借用著名脑神经研究者罗纳德·达尔 [Ronald Dahl] 的一句话）。在青春期，神经元容量的突然激增会使青少年的认知和情感系统面临压力。结果是，精力会被一股脑儿地投入到任何吸引他们注意力的事物上。这就容易让他们走上极端，甚至在一些时候作出危险行为。出于这一原因，青春期对自己和他人来说可能是危险的。青春期的患病率和死亡率增加了 200%。酒驾是导致青少年死亡的第三大原因，还有其他一些荒谬的事故也在这一清单上居于显耀位置，所有这些都是青春期的大脑冲动和被误导的激情所造成的悲惨且毫无意义的后果。

然而，就是这些会带来难以控制情绪和鲁莽行为的神经元生长，却可以提高青少年的判断力和推理能力。青春期早期的大脑发育可以拓宽青少年的兴趣范围，并且还能提高他们对这些兴趣的认真程度。例如，青少年确实可以变得像醉酒时想要开快车那样热衷于演奏乐器或编写计算机软件。问题是：青少年会作出何种选择？

正如罗纳德·达尔所指出的：

因此，这些被点燃的激情可以通过健康的方式获得释放——服务于更高层次的目标。激情感受与生物动力和原始的情感要素一样，植根于同一深层的大脑系统。然而，激情还与人类最高层次的努力交织在一起：对想法和理想的激情、对美的激情、对音乐和艺术的激情，还有在体育、商业或政治上取得成功的激情，以及对人、活动、物或追求的激情，都能带来非同一般的感受。[8]

在本书后面的章节中（特别是第 4 章）我们将看到目标明确的年轻人如何完全遵照达尔所建议的方式，将他们的激情转化为富有成效的追逐。

目标在顺境中赋予一个人快乐，在逆境中赋予他适应力，这在人的一生中都是适用的。然而，青春期和成年早期尤其会受到目标的影响，并且有目标的年轻人（正如我们将要看到的）不仅能回避自毁行为的风险，还能表现出明显的积极态度，这种态度能激发人了解世界的渴望。

目标是通过让人超越自我并投入到一系列的活动中，来带给个人满足感的。有目标的人不再思考自身，相反，会专注于手头的工作或问题。当他们激发全部身心力量来寻求一个解决方案时，他们可能发现从未想到自身所具有的力量：未曾尝试的才华、新的技能、储备的未被开发的精力。当他们朝着目标前进时，会感到激情不断涌来。他们忘记了日常的担心和苦恼，忘记了自己身在何处，忘记了时间，简言之，忘记所有通常由物质世界所构成的心理边界。在这种情况下，他们会体验到心理学家米哈里·契克森米哈赖称之为“心流”[①]的灵感最高境界。研究结果非常明确，尽管在目标性任务上保持专注会让人耗费精力，但它也会带来深深的满足感、幸福感和愉悦感。

矛盾的是，为了目标所付出的艰辛且不会获得感激的努力，很少考虑个人的得失，这比热切地追求幸福更能让人获得幸福。专注自我和自我放纵根本不能作为获得幸福的成功策略。人们最终会感到空虚和愤慨，因为他们无法满足人类最真实也是最深切的渴望：普遍存在的对有意义生活的渴望。此外，专注自我会带来情绪的不稳定性。对目标的执着追求会带来一种情绪的稳定、一种融合积极和稳定的生活。事实上，每个写过心理满足感相关文章的人都把这种积极、上进和情绪稳定的结合作为其关键条件之一。

① 心流（Mental flow），在心理学中是指一种人们在专注进行某行为时所表现的心理状态。如艺术家在创作时所表现的心理状态。通常在此状态时，不愿被打扰，也称抗拒中断，是一种将个人精神力完全投注在某种活动上的感觉。心流产生的同时会有强烈的激情及充实感。——译者

目标的特征

但到底什么才是目标？当我们面对它时，如何才能知道这就是目标？

任何一个词都可以有多种用法，但为了仔细分析，必须选择一个精确的定义并沿用下去。有人总是会质疑这个定义是否涵盖了该词可能暗示的所有细微差别，但一个定义至少能基本说明我们在讨论的是什么。在回顾我前文提到的科学文献时，我们发现，近年来的人类发展研究已对目标的定义达成一个粗略的共识。我们对语言进行推敲和整理，提出如下定义：

目标，是指为了完成对自我有意义，同时对自我之外的世界也有意义的事情时，产生的稳定且可概括的意图。

我们之所以选择这个定义，是因为它强调了两个关键点：（1）我们说的目标是目标中的一种，但它比一般的低级别目标（如“今晚玩得开心一点”“在市区里找一个停车位”“买一双既便宜又好看的鞋子”或“通过化学考试”）影响更深远，也更稳定；（2）目标可能在个人寻找意义的过程中发挥作用，但它超出了个人意义的范畴，因此它们两者的语义不能完全对等。目标会延伸到自我之外的世界。它意味着渴望为世界带来改变，也许是为别人贡献一些东西，或者是创造一些新东西，或者是完成自己的事情。所要达成的目标可能是物质的，也可能是非物质的；可能是外在的，也可能是内在的；可能是现实的，也可能是纯粹理想主义的。在许多情况下，一个目标用尽人的一生都无法达成，例如，消除贫困或带来世界和平。但一个极富野心的目标未必就是幼稚的，对很多人来说，这是强烈动机的一种现实来源。

真正的目标是一种终极关切，是关于“为什么”问题的最终答案（“为什么我要这么做？”“为什么这很重要？”“为什么这对我和我之外的世界都很重要？”“为什么我要努力做到这一点？”）。目标是隐藏在短期目标背后的真正原因，以及驱使我们大多数日常行为背后的动机。

目的和动机会来了又去。一个年轻人可能想要一辆新车、一次去墨西哥的旅行、一个好的考试成绩、心仪大学的入学通知。这些都是短期目标，而不是终极关切，它们只是达到更重要目标的手段。而目标本身就是终点，是驱动短期目标的终极关切，例如，“我想要取得好成绩，进入医学院，这样我就能成为一名医生，为病人治病”或者“我想要赚钱，这样我就能成为一名企业家，创立一个伟大的企业”。然而，需要指出的是，短期目标、长期目标和更远大的目标之间，并不是毫不相关的。研究表明，如果没有远大的目标，那么短期目标和动机通常就不会有什么结果，并且很快就会消失在毫无方向感的活动中。

目标可以是复杂和野心勃勃的（“我想要帮助非洲的国家找到阻止疟疾传播的方法”），也可以是普通和常见的（“我想拥有一个美满的家庭并照顾好我的孩子”）。这些目标会随着时间的推移而改变，一个人可能在几年之后，又增加新的目标。但目标的本质是确保一个人至少在足够长的时间里，在其行动上作出承诺，并且通常在对它的实现上还要有所进展。追求一个目标可以规划一个完整的人生，不仅给人以意义和愉悦，而且给人以学习和追逐成就的动机。

关于目标及其在人的健康发展中的作用，我必须指出另一个极为重要的见解，这是从我的人类发展的研究中获得的。我在很多年前的研究中发现了这一见解，当时受到一位发展理论大师的影响。直到今天，这项研究还影响着我，并且仍在塑造着我对“在青年发展中，什么才是真正重要的”问题的理解。

皮亚杰带给我的启示

当以助理教授的身份开始学术生涯时，我从一位热心的院长那里获得了一次游学的机会，用一个月的时间去参观位于瑞士日内瓦的让・皮亚杰（Jean Piapet）的实验室。皮亚杰是当时在世的最有名的发展心理学家，并且他的著作对我早期的工作有很大影响。我很激动能有机会面见这位大师，这个时间很“及时”，因为皮亚杰在第二年就去世了。

然而，在准备这次拜访的过程中，我遇到了两个重大障碍。首先，我的法语很糟糕，并且我只有几个月的时间来临时抱佛脚。其次，尽管我带着极大的崇敬如饥似渴地阅读了皮亚杰的很多著作，但我（像这个领域内的很多其他人一样）发觉他最近写的一本书实际上很难读懂。让我更感焦虑的是，皮亚杰在这本书中陈述了他对一个最重要也是最难解的谜题——对是什么在促进人的发展作出解答。皮亚杰将他对这个问题的答案称为“平衡”（也是这本书的书名）。但是很坦白地说，那是我花费好几个小时努力理解这本晦涩的书之后，所能了解的全部。

尽管如此，我还是下定决心尽一切可能完成这次旅行，亲身去了解大师对“发展的深奥之谜”的解答。当我第一次到达日内瓦时，看上去我很幸运，因为皮亚杰正在一个关于这一主题的研讨班中授课。很显然，这是他在临终前的日子里最关注的事情。“老板”（他所有的学生和助手都这么称呼他，在我的实验室中，至今还没人这么称呼我）让我在一个月的驻留期间参加这个研讨班。多么好的机会啊！然而，不久后我就发现，皮亚杰在研讨班上的论述，变得和他的书一样令人费解。而且这不是因为我的法语不太好，当地的学生在一起喝咖啡和啤酒时告诉我，他们和我一样也完全听不懂。

最终，在我访问的最后一天（这个时间点让我好奇是否是命中注定），大师终于说出了一些我真正能听懂的东西，并且直到今日仍让我觉得深受启发。他对一个学生对什么是“平衡”以及它如何在发展中发挥作用的困惑（当然，我们大家都有这样的困惑）感到很恼火。（从字面上讲，这个词的意思是“达到平衡”，但我们都无法理解它是如何带来发展的变化的。）皮亚杰问这位同学：“如果你掉进了水里，能保证你不沉下去的最好方法是什么？”情急之下，这位同学给出了一连串的答案：“漂起来？踩水？拼命踢脚并把头仰起来？”“不对！”皮亚杰怒声喝道：“你必须游泳，并要朝着一个方向。你必须向前。

那会使你保持镇定。另外，你还可能会到达某个地方。那就是平衡在发展中的作用。它是稳定向前的，不要试图停留在某个地方。”

从长远来看，皮亚杰的游泳比喻使我能够解决父母和教育工作者在引导年轻人方面的一个关键问题：我们如何才能准确判断出一个年轻人何时在茁壮成长，或者换句话说，在发展上“处于正轨”。究竟什么才算是年轻人的健康发展？在行为问题变得明显之前，我们如何才能知道应该予以关心？

主要的问题是，任何假设的关于茁壮成长或未能茁壮成长的行为指标，都可能有误导性。一个年轻人可能从事各种各样的活动并且对其极其擅长，但却仍然缺乏真正的方向。或者，他可能面临着心理或身体上难以逾越的障碍，但却正处在克服这些障碍的过程中。例如，一位儿科医生可能会大胆认为，如果一个 7 岁孩子仍然在努力掌握基本语言，那他就没有在茁壮成长，并由此建议把这点当作是一个指标。但我们可以列举海伦·凯勒的例子——尽管严重的身体残疾延缓了她青春期的说话能力，但她多姿多彩的一生，却像灯塔一样照亮了很多人的生活。此外，令人惊讶的是，有那么多奥运会运动员在早年都在与身体缺陷做着斗争；有那么多商界的成功人士却有着某种形式的学习障碍；有那么多杰出的科学家初等数学却不及格；有那么多世界领袖在年轻时曾被社交问题所困扰。我们如何才能早一点儿看出这些人尽管表面上能力不足，但却正向着成功前进——就发展的意义而言，他们年轻时确实在茁壮成长。

在这里，我相信皮亚杰的解答是关键。年轻人努力的方向和意义，比任何特定的行为指标（如通过考试、获奖、有好人缘，甚至所表现出的总体幸福程度）都更具有启示性。相关联的指标是：这个年轻人是否在努力朝着一个有价值的目标前进？这个年轻人是否找到了可以让他感到满足的激励并指导其努力的目标？这个年轻人的目标是否被他在成长过程中需要获取支持的群体所理解和重视？

当符合两个至关重要的条件时：（1）朝着有意义的目标前进；（2）一系列的社会支持与这一努力是相匹配的，这个孩子就完全可能茁壮成长。尽管年轻人在某些方面可能正在挣扎，甚至失败，但从发展的角度来说，他已走上正轨。当然，为了作出这样的判断，必须对孩子进行长期的观察。看到一个沮丧的击球手三次挥棒都落空，既不能告诉你他是否会在下一次把球击出场外，也不能告诉你他的球队是否会赢得本场比赛。但是，了解击球手和他的球队如何应对挫折，了解他们的决心、士气以及在发现自己身处逆境时展现出的坚毅，了解他们在本赛季这一赛段所展现的势头，会告诉你很多关于该球队是否能在长期比赛中取得好成绩的信息。生活，就像很多体育赛事一样，很大程度上是一场比拼耐力的游戏。

在过去几十年中，发展科学中最有趣的观点之一是“J 形曲线”现象。当观察孩子们在学习掌握很多领域（如数学、书写、绘画）的新技能时，心理学家注意到了一种令人惊讶的模式：当一个学习者努力应对艰难的新挑战时，其技能在一开始往往会有下降。他会在以前看似简单的任务上犯错误，因此学习者会感到比以往更加“愚蠢”。这就是“J”中间的下凹部分。但在回想的时候就会发现，这些“愚蠢的错误”只是成长中必经的错误。一旦学习者渡过这个低谷，其表现就会迅速上升到新的高度。

这不仅仅是一个学术观点。我们的研究对象——处于让人困惑，常常让人不安，却总让人惊叹不已的青春期发展过程中的年轻人——在其周围的人能看到他们即便处在青年的迷乱之中也依然在茁壮成长时，会极大受益。只有在成年人能察觉到这一点时，年轻人才意识到有人相信他们。而这条信息可以在寻找方向的过程中发挥重要作用。

崇高的目标与卑劣的目标

我需要提出的最后一点，是关于“如何知道这就是真正的目标感”。它会牵扯出一系列的问题，也是我在做演讲时经常会被问到的刁钻问题：“如果是‘糟糕’或‘邪恶’的目标，会怎样？它们是否和积极的、亲近社会的目标一样，能给人带来‘真正的目标感’？它们能同样给人带来动力吗？我们如何判定一个人的目标是好的还是恶的，崇高的还是卑劣的？”

毫无疑问，的确有一些投身于崇高目标的人却作出极其邪恶的行为。或者还有更常见的，一些人顶着崇高目标的名头，做的却是卑劣的行径。历史上不乏暴君，为了所谓的更高原则，以不公正的手段杀害人民。要想真正称得上崇高的目标，“如何”付诸行动的过程，以及“为什么”要有这样一个目标，都是需要受到很强的道德感指引的。寻找崇高的目标，一方面意味着献身于某件值得做的事情，另一方面也意味着以高尚的方式去做。因此，要区分目标是卑劣还是崇高，一个有效的方法就是分析它的手段与结果是否都是高尚的。举一个极端的例子，如果说“为了追求消灭世界范围内的贫穷而把穷人都灭绝了”，这显然就不能算是崇高的目标。

就我对人生目标的观察、大量文献资料的阅读、跟对此话题有兴趣的学者的讨论，以及我个人对问题的思考，我总结出以下三点：

1. 只有积极、贴近社会的目标才能带来持续的激励、动力和适应力，这些是真正的人生目标所具有的特征。之所以这么说，最主要的原因是，这是我们人类自然体质带来无法改变的特性：当我们对他人作出善意的行为和表达同理心时，我们就会体验到一种“道德升华”的感觉。

2. 邪恶或卑劣的目标也许能在一段时间内有很强的激励感，但最终会荡然无存，或者慢慢被与日俱增的怀疑和不确定感所消耗，或者被突如其来的自毁行为所摧毁。这里再次提到，我们的生理结构（在某些程度上）就是我们的命运：当我们作出不人道的行为，采用的方式不符合内在的道德标准时，我们就会被身体的程序设定，体验一种“道德厌恶”感。这种感受不是即刻的，也不是有规律产生的，但最终是无法避免的。

3. 崇高的目标能够促进他人的幸福，追寻目标的过程要遵循诚实、尊重这样的道德准则，要本着恰当的、谦虚的精神而非自我膨胀。卑劣的目标会伤及他人，追求卑劣的目标，往往经由欺骗、不尊重的方式，反映了当事人极端自私或狂妄自大的动机。那些披着代表人民利益的外衣发动战争的暴君，依靠背叛、谎言和恐吓来维系自己的权威，把他们和那些真正说真话、倾听人民心声、采取一些措施来满足人民需求的受人欢迎的领袖区分开来，并不是件难事。

可以在何处找寻目标

在我们的社会中，工作是人们找寻目标的一个主要方式。目标能够为我们的工作带来活力、适应力以及长久的满足感，在工作之外的人生其他领域也是如此。在一项对美国中年人的研究中，心理学家安·柯比发现，无论是白领、蓝领还是粉领工作者，都可以从其工作中找到目标感，将工作视为奉献社会和承担家庭责任的一种方式。无论是巴士司机、护士、售货员、服务生，还是在诸如法律、医疗这些专业领域工作的精英们都有同等的可能性在工作中寻找到意义。和中年人群体中普遍存在的抱怨工作无意义，只是一些苦差事、公司政治、官僚的纸面文章、十分愚蠢的老板相比，这个研究结果似乎让人有些吃惊。这项全美范围内的抽样调查发现：“大多数被调查者（79%）都认为他们的工作是有意义的。”[9]

在每一个职业领域，都会有一些人看不到他们工作的意义，这些人将其工作看作是一种负担也就不足为奇了。当然，这些人只是少数，在调查样本中占到 20% 多一些。在工作中寻找到目标感的人更有可能远离职业倦怠，对工作保持积极投入状态。若是年轻人能带着目标感进入职场，他就能有效地避免掉入“漂泊”的陷阱。

在这项研究中，这些职场人士提到的目标感的来源有：“做得很棒”“贡献社会”“帮助他人”“养家”“支持我的同事”“为组织带来改变”“将职业道德传承给我的孩子”“个人成长”“自我展现”等。有趣的是，研究中有超过 40% 的人声称，他们满足感的来源之一，是追逐这些目标所体会的“快乐”。

传统意义上，带有目标感的工作也被认为是一种“召唤”，这个词听上去是如此“夸张”，以至于没什么人把它和自己的工作相联系（不过，正如我接下来要提到的，实际上大多数的美国人从事的是与内心的召唤有一定联系的工作）。所造成的一个不幸结果，是年轻人很少被鼓励去发现自己内心的召唤。相反，在尽可能现实一些的理念误导之下，我们常常劝告年轻人找一个仅仅是安全有保障的职业，而把“召唤”当作空洞的浪漫幻想。颇具讽刺意味的是，在语言学层面，“职业”（vocation）一词本源的词义是和“召唤”相同的，“职业”一词最早就源于拉丁语的 vacatio，也就是“被召唤”的意思。

把“工作”当作“召唤”，这种信念最初源于古老的宗教教义，但和很多带有宗教根源的价值引导观念一样，现代社会学者发现，即使从世俗的角度来看，这一观念也仍具有吸引力。社会学者马克斯·韦伯曾写道：“所有的人都有属于他自己的独特召唤，反映出他们自己和这个世界的三个特点：他们自身的能力；世界对他们所能提供的服务的需要；他们在以自己的方式服务社会过程中所体会的愉悦感。”

当一个人将工作视为一种召唤，而非仅仅是一份工作时，工作过程中的体验也就随之改变。哪怕是完成最常规的工作，也会变成产生自豪感的源泉。原本感觉枯燥无聊的工作会变为能给他人生活带来改变的有价值的事情，挫折感会消失不见。研究表明，这些影响无论对于白领还是蓝领、私人还是公共机构、大公司还是小公司都同样有效。对于处于职业生涯初期、中期、和末期的人都同样有效。它还具有感染力：那些有使命感的人能够激励身边的人寻找到自己工作中更深层的意义。

领会“召唤”的作用，其中重要的一点是要知道，即便是在看似平凡的工作和努力中，也可以找到召唤。我曾在几年前受邀拜访一个小镇，小镇居民对许多年轻人虚度光阴的生活方式感到有些担忧。这里并没发生什么重大事件，既没有悲剧性的死亡事件，也没有类似科伦拜校园枪击的事件，但是小镇却被接连不断的青少年酗酒、酒后肇事、辍学，以及其他典型的青春期问题所困扰。我遇到了一位母亲，她告诉我，她的儿子跟几个朋友在当地一家餐馆工作后，行为有明显的改善。这激起了我的好奇，我决定去拜访这家餐馆的经理。那是一家快餐店，快速地为大量顾客提供称不上美食的食物。但这位经理却表现出了无比的自豪感，就像是在经营一家米其林五星级餐厅。他告诉我：“我们给顾客提供的是物美价廉的食物，让顾客不用因就餐而花费太多时间，然后就可以继续忙生活中的其他事情了。一家人来到这里，离开时心情也会变好。孩子们过得快乐，父母们也不用做饭，当然也不用支付‘巨额’账单。”

当问到手下年轻员工的情况时，这位经理回答道：“他们刚来这里时都有一种心态，把顾客都当成是讨厌鬼，他们的工作就是尽快把他们打发走，然后自己好躲到后门去抽烟。我告诉他们，要把每位顾客都当作是最亲密的朋友去对待。你们的工作不仅是给他们提供食物和收钱，还包括让顾客脸上挂上笑容。当孩子们领悟到我的意思之后，所有的情况都发生了改变：他们的心态、他们的做事方式、他们的着装风格等。他们从所做的事情中获得了极大的快乐，就像我一样。”

这位经理从工作中获得的快乐是溢于言表的。从我在拜访中所搜集的信息来看，这些在快餐店工作的孩子们也的确很享受他们的工作，他们不属于镇上居民所担忧的那类问题少年。很显然，除了他们对工作的投入，在其他方面，他们也已经“走上正轨”。他们在餐厅经理那里上了一堂“积极态度”课，这不仅增强了他们在学校学习的动机，改善了他们在社区的行为表现，同时还提升了他们对自我的认知。他们认识到，自己有能力为世界作出一些改变，尽管这些努力在他人看来可能是微不足道的。

一个崇高的目标，不一定非得是英雄式的，或是需要非常大胆的冒着生命危险的行为。崇高的目标可能有这层意思，在历史书中，有很多对激动人心的拯救世界的勇敢者行为的描述。但是，在日常的普通生活中，同样也可以找到崇高的目标。一位母亲照顾自己的孩子、一位老师教给学生知识、一位医生为病人诊病、一位市民为努力改善社区而参加竞选，这些人都在追逐崇高的目标。同样，还有相当多的普通人将自己的时间、关怀、精力和财物奉献给了慈善机构、朋友和家人、他们的社区、他们自己的信仰还有他们的工作职责。

科学和宗教的共通之处

信仰是寻找人生目标的另一个持久且重要的来源。在现代社会，科学的倡导者和信仰的倡导者经常发生口舌之战，但在谈到“人的目标感”时，就没有那么多争辩了。因为科学和宗教所维系的传统，本质上是相同的。历史中有很多关于人们尽管遭受深重的压迫和苦难，仍然坚持奉献及保持内心平衡的故事。每一种传统都在倡导一个观念：我们越接近我们的目标，我们在日常生活中就会感到越满足。这就是我之前提到的沃伦的那本很有影响力的书《目标驱动的人生》的主题。在我和安•柯比几年前完成的一项对于“道德模范”（指那些在人生相当长的时期内，对于诸如同情、公正等道德理念表现出非凡的承诺的人们）的研究中，我们访谈了一些对自己的信仰有强烈坚持的人。他们告诉我们，在遭遇考验其信仰的困难时，他们一点儿也不感到难过，而是心怀感恩，甚至有些喜悦。这些身上闪耀着目标的“光芒”的人，给那些知道他们的人们和听说过他们（如何尽己所能来帮助食不果腹的贫民，为公民权利而奋斗，以及做出其他崇高的人道主义行为）的人们，树立了光辉的典范。

本书中的大部分例子都取自生活领域，如工作、家庭、公民职责等。但毫无疑问，信仰目标可以带来个人积极心理层面和社会层面的益处。在接下来的章节中，我会列举一些年轻人如何通过信仰找到有积极意义的人生目标的例子。当然，在当今的文化环境下，这种方式已经越来越少被人们采用。《纽约时报》曾在 2007 年的报道中这样写道：“就像轮胎在漏气一样，年轻人正在慢慢远离信仰。”这是各个教会普遍面临的问题，教派领袖已对“年轻人出走潮”现象发出了警讯。但也有相反的趋势，成年人坚持的信仰在过去的几十年里一直保持相对稳定。但就年轻人目标的潜在来源而言，据观察者描述，一种新的“代沟”出现了，无法超越这种“代沟”，让很多父母不愿意，或是无法将信仰传承给他们的孩子。

现实的考虑与更大的益处

不幸的是，如今只有少数的年轻人在为成人生活做着准备，这种准备包括自我的评价，以及可以带来一种“召唤”感的目标性意图。要找到这种“召唤”感（正如我们在第 4 章中要看到的），需要满足以下三个条件：(1) 对自己的能力有切实的认知；(2) 想要了解这些能力可以如何服务于这一世界某方面的需要；(3) 能从用这种方式发挥个人能力中体会快乐。这三条原则适用于任何一种职业。

但是现今的很多年轻人还远远不能将“自我认知”和“带

有目标感的服务需要”两者整合起来。很多人还都只是处在漂泊的状态中，也有一些人抓住了一个带有浪漫幻想色彩的职业，但并不清楚该为此职业追求具体做些什么，也不知道周围有哪些人可以在此过程中帮助自己。很多年轻人怀抱着非常不切实际的野心，跟他们的实际能力根本不沾边。例如一个资质平平的高中体育生，梦想成为迈克尔·乔丹；业余的电影迷，幻想会成为下一个史蒂文·斯皮尔伯格；一个高中校刊记者，认为自己可以当上一个大型电视网的主持人。当然，今天的个别年轻人确实很有天赋，充满激情，也有决心去从事这些“名人”类型的职业，但大多数人必须不断跟现实作斗争，现实就是——他们并不适合这一职业。

问题的根源是，当年轻人考虑未来选择什么样的工作时，只是考虑到职业表层的一些特征：这份工作能给他们带来什么、看上去能不能抓住他们的兴趣、获得名声与财富的可能性，而没有考虑到他们想要努力达成什么，以及他们如何将自己的特殊才能应用到自我之外的世界上。

成功的人会专注在他们想要完成的事情上，并且努力在一些他们知道自己有能力去做的事情上取得成功，鉴于此，他们知道自己会从这份工作中寻找到快乐和意义。对于一个刚刚开始迈上职业发展道路的年轻人来说，“目标”是获得这一至关重要态度的关键。但是我们的教育体系在何处向我们的学生们介绍过这一重要概念呢？我们在什么时候花时间和精力帮助学生们把他们的能力、兴趣和特定的职业选择（或者用经济学术语来说是“劳动力市场的需求”）做过匹配呢？太多的年轻人在面对人生中最重要的问题时都处于任由自己瞎摸索的状态。这些重大问题包括：“我的召唤是什么？”“我必须为世界贡献什么？”“我来这里是为了什么？”似乎我们总在回避这些问题，不愿面对它们，无论就我们自身而言还是孩子而言。

年轻人如何才能作出正确的选择，他们身边的成年人又该如何通过提供支持和指导来帮助他们，这些就是本书在余下部分要谈论的话题。我们的研究是为了展示美国各地的年轻人是如何努力应对这些挑战的，一些人成功了，一些人则失败了。我接下来会讨论“成年人的影响”在应对这些挑战时所发挥的作用。我还会给出自己的建议，关于如何用“引导孩子去找到真正的人生目标”的方式来养育孩子。

第3章

谁在茁壮成长，谁又未走上人生正轨

Who Is Thriving and Who Is Not Yet on Course

疏离者是指那些在我们调查和访谈中没有陈述任何目标的人。空想者表达出了关于他们想要实现的目标的想法，但他们很少或几乎不会采取积极的行动在现实中去尝试他们的任何想法。浅尝辄止者是指那些已经参与了一些至少看上去带有潜在目标感的活动，但是他们对这些活动「超越于当下」的意义几乎没有什么意识。目标明确者，是指那些已经找到了有意义的事情，并且愿意为此献身的年轻人，他们对这件事的兴趣已经持续了一段时间，并且能够清晰地表达出他们想要努力达成的目标是什么，以及为什么……

在当今多样化的世界里，年轻人被明确地划分为不同的群体，各自以不同的步伐沿着属于他们自身的独特发展轨道前行。一些有着卓越技能和决心的年轻人，正在一条已知的轨道上向着光明的方向疾驰。其他年轻人则在试探性地沿着连他们自己都无法预知的轨道缓步前行。他们经常搞不清楚自己该继续前行还是后退，他们可能会一直朝着积极的方向前进，也可能不会。还有一些人似乎“满足”于几乎是保持原地不动的状态，不担心他们是否处在任何发展轨道上，当然，“满足”这个词可能还不足以表达出他们的冷漠。此外，还有一群深陷麻烦的年轻人，一头栽向自毁的歧途，或者对他人施以暴力。为了帮助孩子们成为更有目标感的人，了解一下到目前为止他们在生活中走在何种方向上，是有帮助的。

上述这些不同的群体往往都倾向于社交独立，相互间鲜有来往。他们呈现出的关于生活和志向的风格和态度是完全不同的。所以，用“当今的年轻人”来统称他们，是有误导和不准确的。在此必须向大家说明一点：事实上，年轻人普遍需要从长辈这里获得的关注和指导，要比他们现在所得到的还要多。我这里所指并不是像众所周知的“直升机式父母”（美国媒体用来形容对孩子过于担忧和过于溺爱的父母，他们无时无刻不盘旋在孩子的周围）那样事无巨细的管理，而是指更为深入却更少干预的一种引导，我在第6章中会详细阐述。

在这一章中，我先提一下我和我的学生们在过去7年里一直开展的关于年轻人发展的一系列研究，其目的是为描述这些不同的群体以及他们所持有的态度。这些研究是在全国范围内开展的，数据收集自美国五个不同的社区：一个东海岸城市市中心社区，一个西海岸富裕的郊区，一个南部的小镇，以及中部农业区的两个城市。

从2003年开始，我们对超过1200名年龄在12 ～ 26岁的年轻人开展了调查，并对其中近1/4的人进行了更深入的访谈。我们在调查中首先会问年轻人，他们是否找到了人生目标、在哪里找到的，以及是通过什么方式找到的。接下来会就这些问题开展更深入的探讨，问这个年轻人“为什么他所陈述的事情或目标是有意义的”“他现在及未来想要在生活中达成的目标是什么”，以及“迄今为止他做了什么样的人生选择”（关于我们对年轻人目标的调查问卷，请参阅本书后面的附录）。

在这一章中，以我们在 2006 年做的初步研究为基础，我将勾勒出当今的年轻人是如何找到或没有找到他们的人生目标。我相信，所勾勒出的图景是让人感到不安的（存在一些极端例外的情况），但这还不是全部。我们的研究还无法触及那些深受困扰和给自己及他人带来伤害的年轻人的心理和感受层面。一个原因是，这样的年轻人通常是不会报名来参加我们这样的研究的。当然，我们的研究始终都是自愿参与的。再有就是，我们采取的研究方法是为了逐步引导出积极的情绪——年轻人的希望和志向，什么对他们来说是重要的以及为什么，以及他们发现什么能给他们带来鼓舞和激励。就我们的研究方法而言，它并不能很好地捕捉那些作出暴力行为的人所具有的更为阴暗和愤怒的情绪。我完全无法确信，如果一个内心充满愤恨的人“闯入”我们的访谈，我们能否通过我们的问题侦测出那个孩子内心被隐藏的危险因素。

任何关于年轻人目标的真实完整的描述，包括对目标缺失的描述，都需要将年轻人正常、非正常，甚至是反社会的行为考虑进去，它们可能在表面上呈现出与目标相类似的品质。因此，除了我们的研究之外，我还会引用两份材料：一份是英国政府官方出具的关于2005年发生在伦敦的自杀性爆炸事件的报告；另一份是关于1999年在美国利特尔顿市科伦拜中学发生的校园枪击事件的深度报道。这两个案例所提供的信息足以让我们看出，对于那些想要作出毁灭行为的年轻人来说，目标或缺乏目标所能起到的作用。

年轻人目标的来源

我们关注的问题之一，是找出当下年轻人最重要的目标来源（如果有人能陈述目标的话）。尽管如我前面所述，对今日年轻人的倾向一言以概之，会忽视不同群体之间的重要差别，但我认为，在描述这些不同群体之前，先简单了解一下我们访谈所收集的结果，会让你有一些启示。这样做会让你获得一些有指向性的结果，我相信，这些结果会指引你发现一些领域，在这些领域我们可以鼓励年轻人——所有的年轻人——去从事他们可以从中发现意义的活动。

在接下来的分析中，詹妮佛·梅农·马里亚诺（Jennifer Menon Mariano）和我调查了年轻人对于以下这段说明的回应。

我们想了解一下，对于你来说，什么样的事情是你感觉最重要的，基于你在这些事情上投入的时间和精力。在接下来的题目中，请把最能描述你在该事情上投入程度前面的数字圈起来。

在这段说明之后是一个包含 18 个类别的列表，其中一些并不具有目标感，而主要是以自我为导向的（如“漂亮”“金钱”“成长”“快乐”），还有一些在一定程度上反映的是自我之外的目标（如“家庭”“职业”“信仰”“服务社区”等）。然后我们统计出他们在所有目标性和非目标性类别上的“投入”的平均值，以此确定每一个类别吸引年轻人投入时间和精力的程度如何。参与这项调查研究的年轻人呈现出的对目标性分类投入程度按由高到低的顺序排列如下，家庭是他们首要的目标来源，而政治和社会问题是他们最不感兴趣的目标来源：

- 家庭
- 职业
- 学业成就
- 信仰或精神生活
- 体育运动
- 艺术
- 社区服务
- 政治和社会问题

我们看到，家庭是当下年轻人首要的目标来源。对于一些年轻人来说，这只是意味着他们想要跟养育自己的家人保持亲密联系，并尽可能地照顾他们。还有一些人将组建和维系个人家庭作为他们的终极目标。对于这些年轻人来说，他们所有的其他目标——从大学毕业、找到一份工作、为自己安个家，都指向建立个人的家庭。

看到这么多年轻人把“家庭”当作他们人生意义的首要源头，我们该感到惊讶吗？如果依然用过去对女孩或妇女的定式思维来看，这个数字或许不会让人感到太过惊讶。如果女孩子依旧持有这种观念，把自己的角色主要定位为“家庭的照料者”，那么我们可以预测，这“半边天”搜寻目标的范围将聚焦在家庭领域。但这一思维定式早已过时，至少在非传统社会来看是如此。事实上，我们的研究发现，男孩和女孩在把家庭确定为目标来源方面没有显著的性别差异。

这一发现揭示出当今的年轻人，无论男孩还是女孩，都感觉跟自己的家庭有联结，这种联结感在他们上一代人中很少见。正如我在之前谈到的，这种联结感源于已长大的孩子与他们的父母之间频繁而密切的沟通。

决定把信仰当作目标来源的人所占比例相对较少，这与之前关于年轻人信仰的研究结果大体一致。在 25 年前，一项具有里程碑意义的关于 20 世纪 80 年代美国年轻人的调查发现，15% 的受访者有虔诚的信仰，这表明他们把献身信仰作为自己的终极关切。在全国范围内，有虔诚信仰的年轻人所占比例在过去几十年里一直保持相对稳定；但在未来是否依然能保持这种状况，鉴于我在第 2 章中提到的当下大幅下降的趋势，则是另一个问题。

有趣的是，在20世纪80年代的研究中发现，信仰对促进年轻人健康发展有着明显的积极作用。研究指出很多负面的因素（例如“有虐待行为的父母”“家庭中有人酗酒或药物成瘾”“生理或心理的障碍”等）可以预示发展中的问题，而信仰和其他积极因素（例如“高智商”“家庭富裕”“好人缘”等），却被认为能极大地预测年轻人能否成功地适应环境。这一发现说明，以信仰为基础的目标，能够将生活引入积极的方向，至少对于有虔诚信仰的年轻人来说是如此。然而，就这一观点而言，需要声明的一点是，这项25年前的研究并没有尝试去衡量诸如希望、期望、明确的志向、世俗的信仰这些因素所能产生的作用，我认为如果当初把这些因素包括进来的话，结果会表明它们对积极发展也同样有预测作用。

在这群同龄人较少提及的目标来源中，最值得关注的是在调查中排在末尾的政治和社会兴趣。当今的年轻人，很少有人想象他们可能在公共领域中找到目标（如政治家、部门管理者或社区组织者）。在这一代年轻人中，极少有人渴望成为“政治领导人”。事实上，在美国历史上还从没出现过这样一个时期，在20～30岁的年轻人中，只有很少的人想要寻求或愿意担任当地组织中的领导者角色。年轻人不仅仅是对担任这些角色不感兴趣，事实上在所有领域中都很难找到让年轻人欣赏的公众人物（除了体育和娱乐），更不用说对他们进行效仿了。事实上，除了家庭和亲近的朋友的小圈子，现在很多年轻人对社会的兴趣并不大。这种兴趣的缺乏可以从他们关于公民知识的陈述中看出来。在美国教育部门几年前进行的一次评估中，只有 9% 的高中生能够讲出“为什么公民参与政治活动是重要的”，并且只有 6% 的高中生能够清楚地说出“为什么拥有宪法对国家是有好处的”。[10] 这种政治活动参与度的下降，在其他调查中也有明显体现。例如，一项研究表明，在 1966 ～ 2002 年，大一新生对政治事件的兴趣在逐年下降，降低有一半之多，从占总人数的 60% 下降到不到 30%。

我们在大约 10 年前做的关于年轻人态度的研究中，也看到了这种令人担忧的趋势。在几年前的一项研究中，我们对生活在美国中部地区的年轻人开展了一些深度访谈，同时还搜集整理了几百份其他学生写的关于当今世界各种生活规则和目标的文章。让我们感到震惊的不仅是他们所说的，还有他们“没有说出”的。他们对当前发生的事件缺乏了解，在他们的话语和文字中几乎不涉及任何社会关怀、政治热点、公民义务、爱国情感以及任何形式的公民意识。

当问到公民对他来说意味着什么时，一个学生回答说："在有一天的历史课上说到过这个问题，但是我忘了具体内容。"另一个学生说："我认为，身为美国人并没有什么特别的……我不觉得当美国公民是非常重要的。"还有一个学生说："我不知道，我认为每个人都是公民，所以它应该不是毫无意义的。"一个学生直截了当地说："我不想属于任何国家，因为这好像意味着你要对这个国家承担义务。我对公民的一切都没什么兴趣……一切都不喜欢。就好比说，是公民，不是公民，对我来说毫无意义。就好比说，要做个好公民，我没有任何概念。我不想做什么公民……这在我看来很傻。"当然，这些言论不具有普遍性，还有一些年轻人怀抱着强烈的公民意识，愿意为国家贡献力量，但他们更多的是例外情况，并不是普遍现象。

至于说在政治领域工作的想法，更是普遍被年轻人所怀疑和厌恶。"大多数的（政治家）……都有些狡猾。"一位受访者这样说。在被问到国家政治时，另一个学生也表现出典型的态度，他说："我觉得一个人做不了什么……我印象中（多数人）都认为一群人也做不了什么。"他们所表达出来的愤世嫉俗扩展到了各个层面的政治活动，甚至包括学校。当谈到学校行政机构如何工作时，一个女生说："校长和副校长可能会做决定，将来怎么样他们说了算，用不着我们操心这些事情。”在大多数学生关于参与政治活动的态度中，都能感受到一种明显的“无用感”。

尽管在我们的研究中一些人认为，自己在朋友当中算是个“头儿”，但几乎没有人想要成为公民领袖或政治领袖（在我们的案例中也有一个例外）。一个男孩拒绝了这一想法，他说：“对我来说这不是一份很好的工作，我宁愿把精力更多地放在艺术方面，而不是放在市政方面，或是什么拯救世界之类的事情上。”

这是否有些不同寻常，或是让人值得关注的地方？青春一直以来不就是追求个人享乐和亲密关系，而非参与更广泛的公民社会活动的时期吗？年轻人是否曾有过被公民意识所驱动，或投身于超越于个人日常生活之上的社会性和政治性目标的经历？他们真的在以后的生活中都没有充足的时间对这类事情再产生兴趣吗？

对于上述问题，让人感到有些不安的回答是：（1）是的，以我们所了解的任何历史的标准来看，年轻人当前呈现出的缺乏对更广泛的社会性目标的投入，都是不寻常的；（2）不是的，传统意义上的青春并非专注于个人目标，而将公民性目标排除在外的时期；（3）很多年轻人通常会在青春期末期开始对社会性和政治性事件感兴趣。事实上，我们有理由相信，一个人重要的人生取向是在青春期孕育出来的。如果对公民的关注不在这些取向之列的话，它可能就不会再出现。

当然，我们都还记得近代历史上的那段时期，大量的年轻人投身于政治运动。他们参加公民权利运动、竞选政治候选人、为环境保护而四处游说、抗议他们不喜欢的政府行为，例如越南战争和水门丑闻。这种献身精神在很多人之后的生活中也依然延续。据20世纪后期开展的一项社会学研究显示，在20世纪60年代参加公民权利游行示威的年轻人，比他们的同龄人有更多可能在日后参与社会活动、担任领导职务，以及参与投票。

上述所有现象都向我们发出了预警信号。正如著名的教育学者罗伯特·梅纳德·哈钦斯（Robert Maynard Hutchins）曾写道的："公民意识的死亡不太可能是因为'伏击者的暗杀'。而是在冷漠、不在乎中慢慢消失殆尽的。"对于那些像我一样相信"强烈的公民意识是发展完整人格的重要组成部分"的人来说，这个问题也是他们切实关心的。事实上，所有的人类发展理论都将青春期描述为年轻人形成个人身份认同的时期。身份认同中的公民部分，是对系统的道德和社会信念的拥护，是一种个人意识形态，是年轻人责任担当的确立。当然，这种特别的责任担当，可能伴随成熟和阅历的增多而发生改变；但是，在青春期所形成的早期构想会成为每个人发展的一个关键性里程碑。萌芽中的公民意识会为将来奉献社区打下基础，并且其影响最终会扩展到更广阔的社会层面。如果这种带有目标感的奉献精神，随着代际更迭而逐渐消逝，未来的公众利益和正在成长中的年轻人的个人幸福，都将面临风险。

对这些发现我在此做个总结：我做出一个大胆判断，当今相当多的年轻人都在家庭生活方面表现出强烈的目标感，这很好；但极少有人在他们的工作和公民生活中找到类似的目标感，这让人担忧。我的主张是，对于成年人来说，非常重要的一点是要找到一些方法，激发年轻人对其他事物有所追求，就比如你在接下来会看到的，在我们的深入研究中所描述的拥有最高驱动的年轻人，他们每个人都在一些生活领域中找到了重要的意义感。

疏离者、空想者、浅尝辄止者与目标明确者

那么，如何根据当今年轻人在生活中所呈现出的目标感来对他们进行划分呢？正如我们所看到的，我们最初搜集的年轻人的全国样本被分成了四类，我将其称为：缺乏目标的疏离者、空想者、浅尝辄止者和目标明确者。

简单来说，疏离者是指那些在我们调查和访谈中没有陈述任何目标的人。他们不会采取任何积极努力的行动去追逐目标，也不会表现出任何渴望寻找这些追求的迹象。这个群体中的一些人显得冷漠和不合群，而其他人则将自己的兴趣局限在享乐和自我膨胀式的追求上，极少表现出对自我之外的世界的关注。

空想者表达出了关于他们想要实现的目标的想法——有时是萌芽般的充满幻想的想法，但他们很少或几乎不会采取积极的行动在现实中去尝试他们的任何想法。他们怀着带有理想色彩的抱负，并想象在这个世界中作出一番伟大的事情。但是，他们在用实际行动检验自己的想法方面做得还远远不够。因此，这些年轻人并没有切实的计划用来在现实中追逐他们的目标。

浅尝辄止者已经参与了一些至少看上去带有潜在目标感的活动，但是他们对这些活动“超越于当下”的意义几乎没有什么了解。结果，一段时间之后，这些年轻人对所追求的目标的投入就变得越来越少。他们经常从一项活动跳到另一项活动，而对于这些活动与他们想要达成的人生目标之间的关联性全无了解。他们可能已经尝试参与了很多种爱好和活动，在一些案例中，这些活动甚至多到无法追溯，但他们仍找不到一个坚定的理由，让自己在任何一个目标上保持专注地投入。他们的兴趣太过短暂，稍纵即逝，无法以此为基础形成持久的个人身份认同。

目标明确者，是指那些已经找到了有意义的事情，并且愿意为此献身的年轻人，他们对这件事的兴趣已经持续了一段时间，并且能够明确地说出他们在这个世界中想要努力达成的目标是什么，以及为什么。他们已经找到了一个缘由或终极目标，这激励着他们每天付出努力，并帮助他们形成了一个连贯的未来日程计划。他们很清楚地知道自己想要实现的是什么，以及为什么，并且采取相应的行动去实现个人的抱负。

从我们初次的研究结果来看，在我们访谈的年轻人中，有20% 像我上面所描述的那样具有明确的目标感。在另一个极端，有25%的年轻人是处于疏离者状态，他们没有陈述任何的目标，也没有任何的迹象表明他们在寻求任何带有目标感的事情。我们发现还有约25%的人是空想者，他们怀有目标抱负，但几乎不采取任何行动去实现这些抱负。最后有大概31%的人是浅尝辄止者，他们尝试了很多具有潜在目标感的追求，但对于为什么要这么做，以及未来是否依然能够保持这样的兴趣并没有明确的认识。各类别占比相加总和为101%，是因为存在四舍五入。

空想者和浅尝辄止者似乎是处于发展最为波动的状态。这两个群体中的年轻人，也许在以自己的方式朝着能带给他们人生意义感的事情前进。或者，如果他们走的路不能带给他们一个“缘由”或“可以赋予他们活力和想象力的事业”的话，他们或许会待在原地不动。这两个群体的人加起来，占到了年轻人的大多数，他们最终的旅程是有很高风险的。我们作为成年人应承担的责任是，在他们刚开始踏出试探性的步伐时，给他们提供帮助。这一点所有人都应清楚地认识到。

为了提供一个更详细的全景描述，让大家看到这些群体中的年轻人是如何思考和表达的，何处显露出了他们缺乏目标，以及我们如何能够分辨出一个年轻人处于哪种状态，下文描绘了一些我们研究中的年轻人。我们会忠实地呈现他们的陈述，为了保护他们的隐私，我采用了化名，并改动了其中一些不重要的细节。

缺乏目标的疏离者

在第 1 章中，我引用了两个青少年的访谈内容，他们都表现出明显的疏离感。其中一个男孩否认自己有任何长期的目标，另一个人对未来的态度是“船到桥头自然直”，甚至以此为荣。他们都以自己的方式有意识地接纳冷漠作为个人生活方式的一部分。

大多数缺乏目标的年轻人都不像这两个男生一样能清晰地表达自我，也意识不到自身的疏离感。在我们的研究当中，缺乏目标感的年轻人对我们问到的关于目标的问题，通常的反应是“一脸茫然”，或者回答说“我不知道，这个问题我没有想那么多”。很少有人能像这两个男生那样自信地接受他们的疏离感，大多数人似乎都不敢确信冷漠和懒散是“不错的”。但很多疏离型的年轻人都认为度过人生的合理方式就是这么“飘着”。一些人认为这是无法避免的（“你无法掌控未来，因此又何必自寻烦恼呢？”），另一些人把它看作是“享受生活”的好方式。事实上，对于很多年轻人来说，享受生活是他们所拥有的最接近持久目标的事情。他们可能也会表达出一些兴趣，如获得一个学位、找到一份工作、赚很多钱，或组建一个家庭等，但他们把这些目标视为类似“尽可能少受苦，同时获得尽可能多的快乐”生活方式的选择。对一些人来说，这意味着只不过是“按部就班”，别人告诉他们这是适应社会所必须做的。最终的结果是他们只是把关注“生存”（过一天算一天）或“享乐主义”（过得快乐）作为指引，而不是被他们的真正想要实现的抱负或个人成就所指引。

例如，当被问到他希望人们如何记住他时，一个男孩儿回答道：“有趣……要做个有趣的人。人们喜欢有趣的人，他们很酷，会有很多人围在他们身边。我想给人留下的印象就是很酷。”当问到他对未来的考虑时，这个男孩说：“我不想拥有什么长远的目标，对未来没有考虑太多，拥有目标在我看来并不是那么重要。”当问他美好生活意味着什么，他简单回答道：“美好的生活就是，做一些让你感觉快乐的事情。只要我过得快乐，我就拥有美好生活。一旦我过得不快乐，那就不再是美好生活了。”在他每天做的事情里，他也的确列举了一些日常生活中可能具有建设性的活动，比如上学、交朋友，但是除非他能在这些活动中找到快乐，否则这些活动对他来说都是没有意义的。从他的陈述中，找不到任何理由去专注于任何事情，或是超越当下的任何其他事情。

我们访谈的一个 20 岁的年轻女性把她的生活看作由一系列事件构成，这些事件没有任何组织计划性，或是更深层的原则："每天都在翻新，每天都会遇到一些新鲜事物，就像是一本新书，每天都会翻开崭新的一页，所以每一页都会不同，会有不同的内容呈现。”在访谈当中，她表达出了两个持久的关注点："交朋友”和“减肥”。这两个关注点似乎都是为享乐主义的欲望所驱动(交朋友是为了找乐子，减肥是为了让自己看上去漂亮)。她说她相信完成大学学业是很重要的，“因为从大学毕业拿到学位，就可以让我或任何人做几乎任何事情。只要有学位，不管是什么学位，都很好……它能够让你赚更多的钱、过得快乐、买辆法拉利或什么的。享受 14 天的游轮旅行，花上 1.2 万美金，想想那会怎样，哦，这还不算什么”。她说出了职业发展的各种不同可能，但是却不具有从中作出选择的依据，因为她的关注点都不能有针对性地解答她希望达成的是什么，以及为什么是这样等问题。就制订未来她可以投身的计划而言，她的渴望（交朋友、看上去漂亮、赚很多钱）并没有给她带来太多的方向感。

从我作为研究者同时也是教育工作者的视角来看，这一疏离者群体对父母和教育工作者提出了极大的挑战。我从研究中感觉到，这些年轻人所表现出来的特定问题在于，他们在访谈中所显露出愤世嫉俗的表象之下，是否隐藏有真实的感受。如果有，那么隐藏的感受是什么？他们的逞强或者冷漠是真的吗？还是仅仅是对痛苦和自我怀疑的一种掩饰？如果进一步去探寻，会揭示出他们不愿在公众面前表达的目标吗？

在接下来的几年当中，随着我们研究的深入，“进一步了解这一大群让人感到不安的疏离者”成了我们的首要工作之一。“怎样面对这些疏离者”的挑战，也应成为教育的首要工作。和其他的年轻人不同，疏离者看上去让人无从着手。如果他们除了每天享乐之外根本都不去寻找任何目标，我们又怎能帮助他们找到一个可以引导其人生的方向呢？我被这个问题所困扰，频繁地请教一些有经验和智慧的人，向他们征求建议。我得到的一致意见是，我们必须想办法让这些年轻人清楚地认识到，缺乏目标的生活是不幸福的，相反，对目标的投入，是会带来满足感的。在后面的章节中，我们还会对这一难题做更详细的讨论。

空想者

莎拉是一位聪明且成绩优异的大三学生，英国文学专业的她已经接受了广泛的文科教育。莎拉在课堂内外都有着广泛的兴趣。她对当前的时事和文化趋势了如指掌，并且拥有积极的社交生活，有很多朋友。她喜欢电影和戏剧，偶尔还会在学校的戏剧表演中担当主角。

莎拉常常会表现出理想主义的冲动，她想要让世界变得更美好。有些时候这些冲动尽管看上去感觉很真诚，但其实不够聚焦。就像她说的：“我想要做一些有益的事情。我想让世界变得更美好，因为我对周围的世界感到担忧，我想要带来改变。”还有些时候，她的渴望会聚焦在她对电影的兴趣上：“我想拍一些重要的电影，比方说，我想要拍一部关于女性面临双重标准的纪录片。”但除了参与学生戏剧表演，以及业余的视频制作之外，莎拉很少让自己为一个严肃的、可能将其梦想变为现实的职业做准备。她不知道在激烈竞争的影视行业中取得成功需要格外多的训练和艰辛努力，她也没有采取任何行动去获取相关的训练或经验。

有很多年轻人像莎拉一样，在这一领域有着兴趣和志向。当今有一大批才能顶尖的学生，梦想成为电影、戏剧、电视媒体或某种表演艺术的明星。但这群人中很少有人能实现他们的梦想。部分原因是，在专业媒体领域，没有那么多需求的空缺提供给他们；再有就是，他们当中很多人并不了解走上这条职业道路的具体条件。他们产生兴趣的领域，更多的是作为其消费者，为作品所感动并享受其所带来的娱乐，而不是作为专业的学生或从业者。而要专门从事这个行业，必须经历一个艰难的学习过程，才能掌握实现个人梦想所需的各种技能。在他们有机会在现实中尝试他们的想法时，极少人为这漫长、不确定、充满挫折的旅程做好准备。很多广受关注的职业——体育运动、金融高管、太空旅行和诗人——吸引着空想者们，但在当前这个时代，娱乐业才是大多数最优秀、最聪明的年轻人考虑的首选。即便是在空想者群体中，一些人会学习如何以正确的方式进入娱乐业，但这需要超出莎拉和群体中的其他人所表达出来的投入程度。

空想者群体中还有在一个小分支，他们甚至还没有为理想抱负中找到一个哪怕是不切实际的专注点。例如 17 岁的吉米，他是来自美国西海岸富裕郊区的高三学生。吉米的陈述中充满了让人钦佩的热忱和善意，但是却很难与现实接轨：“我真的认为对于发生在你身边的事情多一些了解是很重要的，我们需要跟大树、跟地面有更强的联结……这些抽象的事物事实上都有着紧密的联系。还有非暴力反抗，因为有太多的暴力行为不只是以抽象的方式存在着。”吉米，和其他空想者一样，在确立一个真正的目标之前，必须要将其想法置于阅历的铁砧之上反复锻打。

浅尝辄止者

17 岁的罗伯特对他的未来持乐观态度，对于他想要追寻的道路也有一些切实的想法。他说：“高中毕业之后，我打算到军队里面当一名情报官。”然后又补充道，“我想要为政府工作……很多为政府工作的人都是退伍军人，我想要尝试进入联邦调查局或中央情报局。”罗伯特很努力，取得了毕业参军所需的成绩，他也很仔细认真地考虑过兵役生活能给他带来什么。

就目前而言，已经可以清晰预见这个 17 岁年轻人的未来生活。罗伯特看上去在沿着一个稳当而有前景的职业轨迹前进。他在一定程度上比我们归为“浅尝辄止者”中的很多人都更有方向感。

罗伯特的计划主要的不可靠的地方，在于他对自己在军队服役或为政府工作中究竟能获得什么的理解。他关注的焦点局限在这些工作的额外待遇和其他外在的虚荣，而不是他要从事的实际工作所具有的意义。罗伯特选择这条职业道路最主要的原因在于“它可以带来荣誉，这样你就可以说找到了一份真正的好工作”。他给出的另一个原因是：“军队给我提供了一个机会可以去看看世界。我很想到国外看看，一直都未能实现这个心愿。”

从个人角度来看，罗伯特的理由可能是完全合理的。但就他的职业动机和有可能取得什么样的成就而言，他最终仍需要对于他“要做什么”以及“为什么”有更深入层面的认知才行。就此而言，他对于他所选择的职业的想象是浪漫的，几乎是带着童话的色彩：“力量和荣耀”。当问到是什么激励他服兵役时，他说，“有点像是中世纪的骑士”。而他对于服务政府这条职业道路——他希望通过服兵役通往的未来——的考虑更是不清晰的。罗伯特将他对这个职业道路的理想抱负描述为：“退役后，我希望可以到州政府工作，安稳地坐在办公室里”，还有“我可能会在那里待上 20 年，然后退休……同时要有很好的发展”。

罗伯特也许正处在过渡阶段，在朝着有目标感的未来前进。他对这份有很好回报的职业做了仔细的打算，从很多角度来看，他的考虑都是现实而合理的。例如，他认为“军队将教给我关于计算机和相关设备的基本技能和知识，这些都是我需要掌握的”。他还知道“我选择的这条路需要很多人的帮助，需要他们花费很多时间”。通过在学校取得的成绩，罗伯特也表明他准备好担负起这份责任。更重要的是，当谈论到他对于公民的看法时，罗伯特也能看到军队对社会的一些积极贡献，也能认识到“人民受到保护”的重要性。尽管他对此的认识还不全面，还没有看到与他可能想要在服兵役过程中获得的东西之间的联系，但是却为他“将来可以如何作出自己的贡献”这种更加成熟的想法打下了基础。像很多年轻人一样，罗伯特还表现出一个好的迹象，就是希望人生有结果，或者用他自己的话来说，“在这个星球上留下我的印记”。

罗伯特仍在探索，因为他还没有找到他想要寻求的这份工作所蕴含的内在目标。他所聚焦的一些目标，如额外待遇、国外旅行以及对军队生活的不切实的想法，让他的兴趣有了些“浅尝辄止”的色彩。从长期来看，如果他想要找到工作的意义和个人的满足感，从现实层面来看，如果他想要全身心投入到工作中，并且做得出色的话，罗伯特就需要找到那个真正的目标。

目标明确者

20 岁的凯西是来自美国中西部乡村的一名大学生。她成长在一个并不富裕的家庭，从 14 岁时就开始打零工，最近刚成为当地一个咖啡馆的兼职经理。凯西的职业理想是成为一名历史老师，她想要选择教师职业的目标非常明确。但是她最主要的目标是家庭，排在之后的是信仰。工作目标对她来说很重要，但她仅仅把工作看作是她想要在生活中寻找的众多目标之一。

谈到她的优先考虑事项，凯西说：“家庭对我来说是第一的……我和家人一直都很亲近……我想要把爸爸教给我的，给我展示的东西传承下去，传给我的孩子，然后再延续，让家庭的传统一直这么传下去。”参加教会活动也是她的优选事项之一，但是她说，“对我而言，教会活动并不像对我家人那样重要。”然而，凯西认为信仰能为工作提供部分重要的意义：“缺乏信仰的工作将毫无意义，如果你没有信仰，那么你什么都做不成……它就像给了我前进的方向和目标，这是很大的帮助。”

说到凯西的工作计划，里面包含着清晰的使命感：“我想要教书，我想要尽我所能成为最出色的老师。教书不是一份朝九晚五的工作，它是一种生活方式，而不是一份工作。它是你内在必须要有一些东西才能去做的事情。”凯西想要教历史的愿望，源自她对当下学校里教历史课的方式的不满。她对改变现状有着改革者一般的狂热决心：“你都找不到一个真正想要教历史课的老师，他们都只是坐在那里说‘读第 1 章’‘做这个练习题’‘周五前交上来’，并没有教给学生什么东西。你必须要让它变得有趣……这就是我想要教历史的一个原因。我非常喜欢这个工作……如果你真的能够让它变得有趣，他们就会乐意去学。”

一些有目标感的年轻人拥有一个重要的目标，该目标聚焦在与其家庭、信仰、工作或社区的志向相关的一个特定领域。还有一些年轻人，像凯西一样，拥有跨越上述范畴的不同目标。在一些案例当中，这些目标可能是相互嵌套并且有不同优先级的：“我的工作是有意义的，但最终最重要的事情是它能让我养家糊口”；或者，“我想要建立亲密的家庭关系，这样就让我完成工作有了稳定依靠”；还比如，“我爱并关心我的家人，这就是我为‘成为一个好公民’和‘建设强大社区’而付出主要的原因所在”；再或者，“我愿意做以上任何事情，就像是为我的信仰付出一样”。在其他案例中，多个目标可以平行共存，它们同等重要，不会相互交织。一个目标也可以逐步发展成一个全新的或拓展的关注点，例如，一个喜欢计算机编程的年轻人发展出了兴趣，在软件技术领域组建了一个公司。尽管目标是相对稳定的，需要长期的投入，但这并不意味着将永远保持一成不变的状态。青春尤其是一个充满动态变化的时期，随着年轻人对自我认知的加深，以及对自己终极关切更深入的了解，组合以及重新组合他们的目标都是司空见惯的。

在这个有着清晰目标感的群体当中，也有一些年轻人真的在他们投入的持久性上，以及他们已经取得的让人瞩目的成就的程度上表现得非常突出。有些人才十几岁，就已经让他们的社区变得不同。在一些案例中，甚至有年轻人改变了世界，他们为慈善而募款，为社区改造而游说他人，创办小型的公司，用新的音乐、艺术表现形式和计算机技术来做尝试，实践着他们的信仰，展现出创业精神，以及为推进崇高的事业而工作。尽管他们的这些行动并非一般常态，但他们生活的很多方面其实和那些茁壮成长的年轻人没有什么不同。从他们“早早地成功”中，我们能学到很多。

深受目标困扰者

如果不对“目标在脱离道德和伦理的束缚后可能导致的恶果”进行开诚布公的讨论，那么对人类目标的论述就是不完整的。在一些悲惨的案例中，一些人看似是被“目标”所驱动，但却对自己和他人造成了可怕的伤害。可以肯定的是，那些将人们的追逐引入歧途的反社会“目标”和那些激发人们面向积极结果的“目标”之间，存在着显著的区别。但这两种目标——亲社会和反社会——也有相似之处，特别是在激发年轻人的活力和激情方面。因为当下有为数不少的目标明确的年轻人在从事着大量的破坏活动，且没有减少的迹象。对我们来说，尝试去全面理解可能激发他们行为的动机，以及识别这些被误导的目标产生的根源，就显得十分迫切了。

每个暴力案例都有其特殊的状况。青春期的恶意行为通常是由多重因素造成的。想要对这种行为有一个全面的解释，需要将可能涉及的所有社会和心理问题都进行讨论。在这里，我不打算做这种全面的探讨，将只专注于被错误引导的目标感可能产生的作用。在此要声明一点，其他不良社会和心理因素也可能造成类似的事件。

2005 年 7 月 7 日，四次连环爆炸使伦敦公共交通系统陷入瘫痪。前三颗炸弹几乎在同时爆炸，摧毁了 3 节地铁车厢，一个小时后，第四颗炸弹在一辆双层巴士上爆炸。这次爆炸袭击共造成 56 名乘客身亡，将近 700 人受伤。英国政府确认四个年轻人——一个 18 岁、一个 19 岁、一个 22 岁，还有一个 30 岁——是这次袭击的实施者。4 个人都在这次爆炸中身亡。通过英国国会下议院提供的一份有深刻见解的政府报告，我们得以窥探这四个年轻人的内心世界。[11]

一项引人注目，甚至是让人震惊的观察结果是，他们的成长背景“看上去没有什么不同”。他们早年的生活经历看上去与同龄人没有差别，他们在爆炸案前的很多特殊行为也是完全合理的。这四个人中最年长的，也就是报告所认定的主谋，在人们记忆中“安静、好学，并且从不惹麻烦”。另一个人是“成绩优秀，并且是一个有天赋的运动员”，这个男孩在学校给人留下的印象是“安静、友善、成熟、谦虚，在同学中很受欢迎”。第三个人是“一个聪明的孩子，在学校里成绩很好，并且很擅长运动”。事实上，这几个人都热衷于运动，并且参加了一些外向型的运动，如皮划艇、漂流、露营等，这些通常都是年轻人健康生活方式的一部分。

但他们的生活中也包含了一些干扰因素，超出了正常范围。报告指出，“（主谋）的性格后来发生了微妙的变化……有人说他变得话越来越少，越来越内向。有那么几次，他表现出反常的偏执，不同于过往随和的风格”。他的偏执源于他和其他三个男孩开始接触并对他们产生影响的极端主义观点。在他们采取行动的前夕，伴随这个男人对这些极端主义观点变得更加狂热，他们录制了视频，以陈述驱使他们作出这些行为的理念。他们的陈述极富理想主义色彩，有着可怕的超脱感，如，“我们的动机不是来源于这个世界上有形的事物……而是臣服于一个真正的上帝”，以及“我们对死的热爱，正如你们对生的热爱”。

之后的声明中提到殉道者的价值，据报告称，这正是驱动这些年轻人的核心意识。

不可否认，这些年轻人所体验到的“驱动力”，与投身于亲社会目标的年轻人所陈述的感受在某些方面是相同的。这些年轻的英国人所宣称的动机，彰显在他们的言论中，“对他们理念的强烈执着，一种想要‘改变’世界的热切渴望，一种想要纠正他们所觉察到的不公的意图，以及支撑和引导他们执着于此的精神信念”。此外，这些被误导的年轻人很像那些高度投身于亲社会目标的人，“在相当长的时期内保持他们的专注”，并且“安排长期的计划以完成他们的使命”，最后一点是，这些年轻人受到他们所欣赏和效仿的成年导师的榜样和宣扬思想的极大影响，这一点也和具有亲社会目标的年轻人非常相似。在上述所有方面，带有反社会目标和亲社会目标的年轻人都有着共同的特质，这些特质在缺乏目标的年轻人身上是看不到的。

这两类人最大的不同，在于他们选择的目标本质的差异。选择亲社会目标的年轻人是积极向上的，他们不会颂扬死亡或毁灭。亲社会目标的年轻人也不会把暴力当作追求终极目标的合理方式，不管这一目标有多么高尚；他们也不会在追逐这样的目标时，把他人生命看得无足轻重。相反，他们会把他人的生命视为自己要去保护的终极目标。至于他们自己的生命，他们已经做好了充分的准备，打算全身心地投入他们所选择的事业中，但他们并不希望目标的实现是通过死亡，而是以一种能够让他们感觉到“自己是谁”以及“想成为谁”的方式活着。这种方式，和他们最近才建立的自我认同是相一致的。

1999 年 4 月 20 日，在大西洋的彼岸，两个男孩埃里克·哈里斯（Eric Harris）和迪伦·克莱伯德（Dylan Klebold）在臭名昭著的科伦拜校园枪击案中杀害了 12 名同学和 1 名老师。这两个男孩跟伦敦自杀性爆炸袭击中的年轻人相比，在心理特点和理念信仰等很多方面都有不同。但他们有一些共同之处：一种想要改变世界的热切渴望，对死亡的颂扬，精神上对其行为的认同感，在很长的时间内维持其决心的能力，将他们的长期计划付诸行动的能力，一种受先前事例影响的倾向。一个男孩在他的日记本中写道：“我想要在世界上留下持久的印记。”[12] 另一个男孩在他的“遗愿”中写道：“如果生活不带出一点死亡色彩，那还有什么意思呢？”

哈里斯和克莱伯德留下了多达 900 页的文件，描述他们遭遇的委屈和种种报复计划。此外，他们还建了网站，制作了视频，宣扬他们被夸大的伤感，比如“我们将要发起一场受剥削者的革命”。[13] 其中很多文件可以追溯到发生枪击案的前一年，有证据表明这两个男孩为了实施这场暴行进行了相当长期的谋划。他们经常会从古典文学中引用话语，在实施枪击前的最后几个小时，在为自己录制的录像带中，就引用了有宗教意义的词语“最后审判日”和“末世”。

如果这些男孩追求的是亲社会目标，他们所有的活力、谋划以及热情的坚持，将会是为崇高目标所激励的年轻人身上所呈现的完美特质。当然，这些男孩无疑在很多方面都受到了困扰，他们反社会的目标感也是在受困的环境中培养出来的。多年之后，当专家们审视这些悲惨而聪明的男孩留下的大量文件时，将会对他们在计划和实施这场枪杀案时的心理健康状况有更充分的了解。而就当下而言，我们必须得出结论，尽管“亲社会目标”和“反社会目标”表面上有很多相似之处，但在本质上却有如此多的不同，实在不能相提并论。在关于如何改变世界这个问题上，两种目标派生的是两种截然相对的联想；在关于他人应该被如何对待方面，这两种目标的假设也有着鲜明的对比。最重要的是，亲社会目标是肯定生命的，遵从传统道德、伦理和法律的标准；反社会的目标颂扬死亡，对任何可能妨碍他们恶意企图的标准都视而不见。

年轻人可以通过很多不同的方式选择反社会目标，但在很多类似的案例中，有一件事情是可以肯定的：年轻人没有足够的机会去寻找一个亲社会目标，若是能找到，就可以预防他们受到反社会目标的诱惑。任何空虚与无聊，无论是身体的还是心理的，最终都会被填补。如果我们不能给年轻人提供积极的指引，激励其行为，那他们可能就会去寻找不那么积极的指引。很显然，在“觉察”我们的孩子是否，以及如何发展人生的目标感时，所有的成年人以及教育工作者都必须密切留意年轻人出现任何的反社会倾向。

找到崇高目标的年轻人通常是乐观的理想主义者，不会表现出愤怒和自我吹捧。他们会学习如何将自己的理想主义转变为现实主义，但是，他们不会将自己的理想主义转变为愤世嫉俗或虚无主义。他们无疑会避免可怕的、自毁的、暴力的倾向，因为他们已经找到了能够激励他们的目标，并用积极的活动充实了他们的生活。

在我们的研究中，我们想要描述当下年轻人找寻人生目标的情况，同时想要明确一些人之所以取得成功的关键因素。我们想要确切地指出父母和社会具体能做些什么，以便最有效地帮助年轻人走上正轨。为了这一目标，我们决定对 12 个年轻人进行深度访谈，我们认为他们是目标非常明确的人：有着很强的动机、积极参与、快乐，高度专注在追求的事业上，在其中找到了最有意义的目标。研究的结果是令人满意的：在每个案例中，我们都能够找到一系列能给他们带来帮助的关键性因素。在下一章中，我们会详细了解这些因素，以及它们所起的作用，在其中也会说明为何当下社会让如此多的年轻人走向失败。接着我们会探讨父母和其他成年人，如何才能最有效地帮助年轻人找到自己的道路。

第4章 对有高度目标感者的深入访谈

Profiles in Purpose

这些具有高驱动的年轻人的特别之处，在于他们的目标格外清晰。目标的明确使他们产生了让人吃惊的格外积极的活力，这些活力不仅驱使他们充满激情地追逐目标，还可以让他们习得完成此项任务所需的各种知识和技能。在过程中，他们成了很棒的学习者，并培养出了在他们这个年龄很少人具备的执行力……

具有高度目标感的年轻人少之又少，他们有强烈的动机，并且做事极有效率。他们在很小的年纪，就已经在追逐目标上取得成功，展现的方式让那些比他们年长许多的成年人都忍不住竖起大拇指。为了开展我们的研究，我们挑选了 12 个样本，包括男孩和女孩，他们都有自己专注的目标，对此已坚持了几年时间，并且也都产生了巨大的影响。我们对他们进行了充分深入的访谈，以便获得关于每个人如何发现并追逐自己独特目标的直观描述。这 12 个被访者中（一人除外），我们和他们一直保持着联系，并在两年后回访了他们。我们还尽一切可能从他们的父母那里获取关于这些孩子是如何找到目标之路的信息。

这 12 个让人赞叹的年轻人中，一些人的追求是利他主义，例如通过募捐来为非洲家庭提供干净的饮用水，或者为帮助癌症患者并致力于开展对抗这种疾病的研究的慈善组织贡献力量。

一些人是参与公民或政治活动，例如为更严格的枪支管理或环境保护条例进行游说，为可以提供中东和平解决方案的候选人争取支持。一些人有着艺术或科学的追求——学习并创作新的爵士乐风格曲目，或者编写新的计算机软件程序。一些年轻人是崭露头角的创业者。还有两个人是少年传教士，致力于传播不同的信仰。

本章将关注其中4个人的故事，偶尔会穿插其他人的例子，因为这4个年轻人的经历能很好地代表这些访谈所呈现的主题。当我们看到他们的故事，听到他们描述目标是如何激励和驱动他们时，大量关于“如何在人生早期塑造目标”的重要内容就浮现出来了。

就投入的持续性和专注程度来说，这些年轻人明显是非凡的。他们向周围的人传递出一种让人耳目一新的生活状态：他们在生活中保持着一种平和而坚定的自信，并且他们是自我驱动的。尽管他们在做着这些事情，但却极少显露出焦虑或是太大的压力。在介绍这12位非凡的年轻人时，首先要说明的是他们在很多方面是如此的平凡（包括但不限于，他们的家庭生活、他们的成长方式、对交朋友的兴趣、喜欢参加同龄人活动、渴望在世界上为自己博得一席之地、日常的行为举止），这可能很奇怪，甚至让人感觉有些矛盾。或许是因为感觉到需要就“诸多成就而获得的所有认可”展开说明，其中很多人都是这样评价自己的，“只是一个普通的孩子”。这句话在我们的很多访谈中都被频繁地提到。一个典型的场景是，一位母亲，与她儿子的话如出一辙，她告诉我们，她的儿子瑞恩“是平凡而普通的，就像你们期望一个孩子该有的样子……和其他孩子一模一样，我没在他身上花特别的功夫……他不想表现得很特别。他想融入大家。他想参加冰球队……我的意思是，他是个普通的孩子”。

事实上，这种看似矛盾的生活常态，是这些年轻人身上第一个让我们感到吃惊的地方。像大多数同龄人一样，在有机会谈论他们的生活时，他们是开放、外向的，并且会侃侃而谈。显然，他们很喜欢有机会与认真倾听他们想法的成年人交谈（在任何社会中，这种体验对年轻人来说都是极少见的）。热切地反思过往经历并展望未来目标，他们在观点中还展现出了坚定的自主，毫不犹豫地批判了现行世界的运转方式。事实上，他们似乎从关于这个世界亟须改变状况的、咄咄逼人的描述中汲取着额外的活力，以及一丝丝的窃喜。换句话说，他们在很多方面看上去和听上去，都像是与同龄人一样的普通少年。

这些具有高度目标感的少年在外表、举止，以及发展的观点方面与他人无异，这一点让我们格外感兴趣。如果他们是和同龄人差别很大的“超常人”，比方说，他们的智商和体能超出了正常范畴，这样的话，他们的故事对于目标如何在其他年轻人的日常生活中发挥作用只能提供极少的参考价值。就好比一个想要教给普通学生基本技能和音乐欣赏的老师，可能无法从莫扎特传记中获得最有用的信息。就大众对目标的找寻而言，幸运的是，普通人和超常人之间还有着更多的联系性。任何人，无论天赋、才能如何，都有能力寻找到一个目标，并持续投入其中。此外，寻找和投身于目标的过程，以及这么做对个人的益处，对所有人而言也都是相似的。

这些具有高驱动的年轻人的特别之处在于他们的目标格外清晰。目标的明确使他们产生了让人吃惊的格外积极的活力，这些活力不仅驱使他们充满激情地追逐目标，还可以让他们习得完成此项任务所需的各种知识和技能。在过程中，他们成了很棒的学习者，并培养出了在他们这个年龄很少人具备的执行力。他们还获得了很多情感上的益处，例如自信、乐观、感恩，以及一种深深的自我满足感。

瑞恩的井

在我们第一次采访瑞恩·希里杰克（Ryan Hreljac）和他的母亲时，他才 12 岁。即便在那时，他已为生活用水不足的非洲农村地区的家庭募集修建水井资金达 6 年之久了。他的母亲用几乎惊叹的语气评论道："他已经在这个项目上做了 6 年了，我知道很多大人在一个项目上都很难坚持 6 年。"在家人的帮助下，瑞恩成立了一个基金会，建立了一个网站（www.ryanswell.ca），并募集了超过 200 万美元，为非洲及世界其他地方的 14 个发展中国家的居民提供干净的饮用水。因这些引人瞩目的成就，瑞恩获得了非常多的奖项，包括世界儿童创建者奖（World of Children Founder's Award）——被认为是青少年服务领域的诺贝尔和平奖。

瑞恩在一年级时就找到了他的目标，即便在这些具有高度目标感的年轻人看来，也惊讶于时间是如此之早。当他的老师在课堂上讲到非洲儿童因为无法获得足够的干净饮用水而死亡时，瑞恩便有了热切的想法：募集资金为他们修建水井。他承担了家里额外的家务，并攒下了 70 美元，但他却发现这笔"巨款”（对一个 6 岁孩子而言）还远不足以解决问题。瑞恩没有感到泄气和因此放弃，反而更加努力了。他向朋友和认识的人筹集资金，并向非营利组织，如浇水壶（WaterCan）、解放儿童组织（Free the Children），以及加拿大医生援助和救济组织（Canadian Physicians for Aid and Relief）请求进一步的财政支持。不久后，水井及其他清洁水项目在非洲很多地区及其他第三世界国家纷纷开展起来，这要部分归功于瑞恩的努力。到 2007 年，瑞恩及其家人创办的慈善机构——“瑞恩的井”基金会（the Ryan’s Well Foundation）已为世界 14 个国家修建了 319 口水井。在当时，据基金网站估计，有近 50 万人因基金会和支持者的努力而获得了更加清洁的饮用水。与我们研究中其他具有高度目标感的年轻人想法一致，该网站引用了瑞恩的话：“我只是你们普通而平凡的孩子中的一员。”

尽管获得了众多奖项和荣耀，我们可以看出，瑞恩对自我膨胀是拒绝的。他和其他有高度目标感的年轻人一样，对自己的贡献有着务实的看待——瑞恩决定为世界作出改变，但他并不认为自己在这方面就是独一无二或优越于常人的。“任何人都可以做任何事，”他告诉我们，“无论你是谁，无论你是加油站的职员，还是美国总统。”他认为每个人都应该尽自己最大的努力，并且每个人都有自己的角色："你需要迈出一步，为自己之外的人做一些事情。例如专门为某个人做些事情，哪怕很小都没关系，只是为了给予帮助。"至于他自己，瑞恩希望做到全力以赴："我只是想超越我的极限，看看能做到什么程度。"这种"志向"与"务实的谦逊"的结合，是我们所访谈的具有高度目标感的年轻人具备的最显著，也让人耳目一新的特质之一。

至于说这种"抱负"和"谦虚务实"相结合的特点是否就是这些年轻人取得卓越成就的原因，又或是这些成就所带来的结果，我们无从得知。但这无疑是使他们在这么小的年纪就能够应对艰难挑战的性格优势中的核心要素。让世界有积极的改变，需要恒心（他们所关心的问题都是异常棘手的，否则应早已被他人解决），以及乐观（在你付出最大努力而问题仍然存在时，是很容易感到泄气的）。抱负可以激发恒心，而对自身的务实看待则可以让他们在面对不可避免的困难时依然能保持乐观。通过认识到自己以及他人的局限性，他们可以有效预防可能让他们感到灰心的自我膨胀式的过高期望。

瑞恩关于如何开启他的使命之路的描述就是关于这一点的最好例证。他在一开始误以为 70 美元就可以实现目标，当他发现修建一口井需要的实际成本多达 2000 美元时，他只是更加努力，并采用了更详细的策略，他相信这样坚持下去终会带来回报:

在家里用吸尘器打扫了 4 个月卫生之后，我攒到了 70 美元……然后他们告诉我，你知道吗，瑞恩，修建一口井要花比 70 美元多得多的钱。70 美元只够买上面的手摇泵，建一口井需要 2000 美元。当他们告诉我这些时，我只是说我要做更多的家务。等到我存了差不多 100 美元时，我意识到仅通过用吸尘器打扫卫生的方式是没办法实现目标的，于是我就开始去演讲和宣传……就这样一点一点积累。然后我募集到了 2000 美元，并且还在不断获得支持。然后就发生了后面的事情，以及更多的事情。我募集到了更多的资金，事情顺理成章进展到下一阶段。

支持瑞恩坚持下去的最初的乐观源于他能达成的结果。通过这种方式，诸如自信、务实的谦逊、乐观、恒心这些早期性格优势产生了滚雪球效应。这些品质会带来成功，而成功又进一步强化了品质，随着年轻人找到新方式来运用其优势达成目标，在发展过程中这些品质就实现了自我强化。这也是为什么对于父母来说，及早培养孩子的这些性格优势是非常重要的。

虽然对于孩子来说，在任何时候获取这样的性格优势都不算晚，但早一些开始会带来更大的益处。童年和以后的生活之间有很强的延续性，经历过自我驱动的成就感的年轻人，会有独特的机会在未来数年的成长中不断积累，从而拓展这些优势。

需要强调的很重要的一点是，虽然追逐目标促进了诸如乐观、自信这些性格优势的发展，但它本身并不能创造这些性格优势。从最新的大脑和行为科学研究中我们得知，性格倾向早在婴儿期就开始形成，而且有部分可能是天生的。但是在整个发展过程中，这些倾向很容易受影响而发生改变。例如，很多极度拘谨的人通过在童年时与其他人积极互动，变得不再害羞。对和年轻人生活体验直接相关的目标的热忱追求，很可能会增强他们的乐观和自信。对一些人来说，这意味着加强他们本身就有的倾向；对其他人来说，则意味着朝着不同方向改变行为倾向。从后面的例子中可以看出，对目标的追逐不依赖于任何当下的性格倾向。例如，瑞恩并不是一个始终高度自信的孩子。他告诉我们："在童年时，我是一个非常敏感的男孩，遇到什么事都喜欢哭鼻子。因为口吃，我还接受过语言矫正。我从没想过自己会成为一名领导者。"现在，在经过这么多年在他所认定的事业上的领导力的锻炼之后，尽管瑞恩看上去很平和，但他的性格却是自信而坚定的。

我们采访瑞恩时，他才 12 岁，他用贴切的比喻向我们说明目标感对于他个人的意义：

有时就好像你有一杯茶或其他什么东西。大部分人都斟得太满了，它会溢到我们的茶碟里。一些人只是把茶杯端起来，把里面的茶喝掉。但其实我们应该做的是拿起另一个茶具，把茶倒出来分给那些茶杯里几乎没什么茶的人。

人生若没有做事情或想要改变世界的目标，它就像是一场没有终点线的比赛。你能够长大，能够过上好生活，你可以做到这些，但是当你安顿下来之后，或许你可以重新考虑为社区做出贡献，这会使你的生活更有意义。

耀眼的妮娜

在我们第一次采访妮娜·文森（Nina Vasan）时，她 19 岁，刚开始哈佛大学第二学年的生活。作为一名学生，她在很多场合都像明星一样闪耀：她在运动比赛中表现不俗，主持自己的电台节目，在英特尔国际科技展览会（Intel International Science and Engineering Fair）上获得 5 万美元大奖，受邀在诺贝尔奖庆典活动中介绍她的研究，被选为“全美十佳女童子军”，担任过奥运火炬手，获得过西弗吉尼亚美国小姐青少年组选美比赛冠军。所有这些成就中最值得关注的，是妮娜创立了美国癌症协会（American Cancer Society，简称 ACS）青少年分会，并出任主席。这是一个覆盖到全国青少年的组织，通过提倡、教育、筹款及服务来致力于支持美国癌症协会的使命。起初，妮娜是在自己的家乡西弗吉尼亚成立了一个青少年组织，然后扩展到在全美 50 个州都有代表处。美国癌症协会青少年分会鼓励年轻人通过开展一些活动成为健康领域的领导者，如游说人们在工作场所不要吸烟、撰写关于安全护肤的教育文献、创办儿童时期患病的康复者的互助小组、通过年轻人生命接力活动募集资金等。

妮娜早在还是一个小孩子的时候就找到了她的目标。她回忆，当时的自己是一个热心并且爱说话的5岁女孩，有一天，她遇到了一个因为癌症而不得不将喉部切除的男人。“我眯着眼睛，”她回忆说，“想要辨认那个在慢慢靠近我的人影。那个陌生人不断地发出一种奇怪的嘶嘶声，他慢慢举起颤抖的手遮住脖子上深凹下去的部位，用一种几乎无法辨识的声音喃喃地说‘你——好——’。平时爱和人交谈的我，在那一刻居然惊讶得说不出话来。后来我才了解到，对懵懂的孩子艰难地说出简单的一句‘你好’的这个男人，在社会未对烟草的危害性进行充分教育之前，曾一直是个烟民。尽管癌症夺去了他发声的能力，但他传递给我的关于吸烟的信息却塑造了我的人生。”

妮娜认为，正是亲眼看到患病的残酷现实的这段经历，赋予了她一种目标感。她告诉我们，在看到烟草带来的让人警醒的后果之后，即便还是一个扎着辫子，戴着一副大框眼镜的小女孩，她也敢走到陌生人身边，告诉他们：“请不要再吸烟。”在妮娜寻找改变现状的有效方式时，正是这种不羞怯的精神让她参与了美国癌症协会的工作。

关于目标如何提升和改变生活，妮娜所获得一课是：“这名烟草受害者明白开展疾病预防教育的重要性，他想要通过告诉孩子们自己的故事来教育他们了解吸烟的危害。回过头去想，我认为他已经通过试图阻止他人遭受与自己相同的命运，找到了自己人生的某种目标。他真的希望并渴望自己的这份‘遗产’可以继续存在于他人的生活中。这当然对社会是有益的，因为他在无意间就帮助我找到了人生目标。”

除了生活中的感悟，妮娜还发现了一项特别的事业可以让自己投身其中。她承担起防癌和抗癌工作，在学术研究上以此为目标，专注于医药和科学研究，还在公共政策领域参与并推动了癌症预防与卫生保健的立法和教育活动。当然，妮娜的领导力是能够建构一个服务于美国癌症协会的全国学生网络的关键。当她致力于这一远大的志向时，妮娜说：“青少年有兴趣也有能力通过多种方式（除每年的募捐活动外）在抗癌运动中发挥作用。作为年轻人，我们有独特的文化、思维和行动方式。我想，只要我们能够团结起来，给学生们创造一个平台，让他们展示自身的领导潜能，我们就能够在促进持续而全面的社会变革中发挥更有效的作用。”

妮娜并非依靠一个人的力量，而是找到了一位导师。这位导师是当地护理界和商界知名的领袖人物，负责美国癌症协会所资助的水仙花日筹款活动。当这位女士邀请妮娜组织学生志愿者来参加这个活动时，才吃惊地发现原来有这么多年轻人想要帮忙，因为人数过多，最后不得不婉拒了一些人。为了给这些兴致盎然的年轻人寻找一个角色，这位女士和妮娜，以及美国癌症协会的社区专家开始着手为当地建立一个青少年委员会。这个委员会的目标是“通过给年轻人机会，把他们组织和团结起来，通过教育、宣传、募款和服务，为抗击癌症作出有意义的贡献”。同时，他们写下了使命、章程和目标。这项决议在美国癌症协会董事会议上获得通过，第一个青少年分会在西弗吉尼亚州的伍德县成立了。

美国癌症协会青少年委员会很快就动员了当地的学生，并且他们发现自己其实很渴望和全州乃至全国的青少年建立联系。当妮娜惊讶地发现竟然没有一个为全国的青年志愿者服务的官方组织时，她决定成立一个。于是她将此想法提议给美国癌症协会的首席执行官，在他的支持下，妮娜和国家办公室的工作人员一起成立了这个联盟。

美国癌症协会青少年分会通过对旧有的青年志愿服务模式进行重构，带来了一些创新的变革，使之更符合当下年轻人的特点以及对公民义务和激进主义的当代定义。此项目主要是通过多种沟通工具，如网站、内部通讯、电话会议，为青少年活动建立一个联络平台。当地的美国癌症协会办公室把年轻人联系起来，并给他们机会作为领导者来共同参与活动。他们还创办了学校和社区美国癌症协会青少年俱乐部，承办教育、公共政策的宣传、患者服务、募捐等活动，有地方性的活动，也有国际性的活动。在短短一年多的时间里，美国癌症协会青少年分会就已会聚了代表全部 50 个州的年轻人。美国癌症协会青少年分会还设立了抗癌学校联盟，这一服务机构已在全美 70 多所大学开展活动。

但是妮娜的行动并不止于此。在被任命为全国志愿服务联合会第一位青少年委员后，她倡导进一步关注青年的参与情况。为此，全国青年志愿者参与专案小组成立了，妮娜担任联合主席，帮助落实一套官方出版的关于赋予青年权力最佳实践的手册，此手册目前已在全国范围投入使用。美国癌症协会将年轻人带到前线，给他们带来的最大变化就是拓展了他们的组织文化。现在美国癌症协会分会有正式的明文规定，要关注青年志愿者群体。美国癌症协会的首席执行官称赞妮娜："富有创意，开创性地将青少年纳入美国癌症协会'消除癌症'这一主要的健康问题的使命中来。"

我们最近一次对妮娜进行访谈是在 2006 年，当时她 22 岁，她在这次访谈中谈到了从追逐目标中所获得的满足感。达成一些她在抗击癌症事业上所设立的目标，一直以来都是她在诸多活动中感到最有收获的，其分量远远超出了她所得到的众多荣誉和奖项。其中一项成就是促使西弗吉尼亚参议院通过了一项议案，重新设定烟草公司结算基金的目标，以减轻政府债务的压力。妮娜这样解释道：

之前的议案不仅使未来的西弗吉尼亚人无法接受关于烟草危害的教育，还会使那些正在和烟草引发疾病做斗争的人无法获得有效的救助。对于当下不利于民间倡议团体开展工作的政治氛围，我感到很震惊，于是我发起了一场全州范围内关于这一议案的听证会，说服人们跟我一起在国会大厦发表演讲。我组织了一次请愿，在下议院发表了10分钟的演讲，解释改善健康和疾病预防的重要性，同时提出了一个解决债务危机的替代方案。在听证会后举行了投票，原先的议案被废止了。

这项议案不只是在当时，在之后的20多年里对我们州都有负面影响。我感觉我可以切实看到成功推翻这项议案所带来的影响，这是可以看到的改变。事实上，这次激进主义体验是如此积极，以至于它点燃了我投身政治的热情，并决定在大学要主修政府管理专业。我非常幸运能参与这次活动，而这次经历更特别的地方在于，它给我的生活带来最为重大的影响，给我个人带来了最为重要的意义。

当我们要求妮娜描述一下自己时，毫不奇怪，“接地气的理想主义者”是她第一个选择的词语。事实上，妮娜已经创作了一系列写给年轻人的书，“拯救世界”系列——关于领导力和社会实践，就是以“接地气的理想主义”为核心理念的。继“接地气的理想主义者”之后，妮娜为自己选择的另外两个描述是“乐观”和“自信”，这两者都表明一种明显积极向上的生活态度，这也是我们研究中所有其他具有高驱动的年轻人所共有的特征。

积极取向的一个核心要素是“感恩”。妮娜的一句话说出了很多有目标感的年轻人的心声：“我总会为这个世界带给我的事物感到惊奇。”在随后的访谈中，她表达了发现这个世界许多惊奇之处时的喜悦之情：“我开始感激生活是多么的特别和精彩，我是如此幸运，身边有这么多美丽而有爱心的人。我的心中充满感恩，想要与人们分享对生活的乐观和热爱。我想我就是这样发现意义的。”这种对能够参与世界上的事物，并且有机会作出个人贡献的感恩意识，在我们研究的具有高目标感的群体中普遍存在。这不就是所有年轻人在一开始时应该有的对生活的感受吗？理想主义、怀抱希望、充满热情，对于探索周围世界有着敬畏和好奇心，这些正是年轻人传统取向的核心所在，自古以来被众多哲学家和作家所记载。这是所有年轻人在开启生命之旅时就应有的态度取向，然而，这些本应具有的乐观和自信，似乎仅存在于当今一小部分年轻人身上。在所有我们社会当前对“不公平”的关注中，这一项应当列于首位。

妮娜的故事还让我们了解到，早期对目标的发现对于引领人走上令人满足的成年之路所发挥的作用。个人发展的一个象征性标志是自我认同感的构建，自爱利克·埃里克森在半个世纪前将这一观点置于文化焦点之下后，公众已经对此有了广泛的认知。青春期面临的最大挑战，是通过给自己在这个世界上谋得一个特殊的位置来定义自己。个体认同可以将年轻人与他人区别开来，同时也为自己成为社会上有价值的人提供一个参照榜样。一种坚定的自我认同感，是之后在成年时期能获得心理健康发展的稳定基石。

在一项关于青少年自我认知的研究中，丹尼尔·哈特(Daniel Hart)和我发现，自我认同形成的一条确切路径是在一系列系统性的自我价值观和信仰的基础上，生成一个关于自我的认知。将自己的选择和命运置于更伟大事物的（无论是宗教信仰、政治理念、职业召唤、生活哲学，还是审美理想）一部分的年轻人，能为构建持久自我认同所需的精神承诺做好准备。当然，并不是所有的年轻人都是通过这种方式建立自我认同的，事实上，在我们早期的研究中，仅有一小部分 18 岁的年轻人（没有 18 岁以下的）是通过这种“系统理论”的路径来构建自我认同的。对于其他年轻人来说，采取另外一些成功路径也是可行的。但那些称自己已经接纳一套强有力的信念系统的人，看上去的确显得特别满足，并且方向明确。

在我们当下的研究中，我们注意到一些具有高度目标感的年轻人已经通过系统的、理论引导的方式构建了自我认同。例如，妮娜跟我们讲述了很多关于事物是如何运作的观点，她将其称为“融合”，以及这种观点是如何激励她发展自己的不同方面——科学家、政策制定者、社会企业家、未来的医生、社区及家庭的成员，这样她才能作出自己最大的贡献。

我相信抗击困扰社会的重大疾病需要多方面的响应。我所做的关于癌症的研究涉及一套治疗方案，是沿着血管再生术的途径采用一系列措施来提高治疗的成功率。这套治疗方案的基本原理已超出药物本身，拓展到了我们治疗和缓解疾病的方式。医疗的进步源自“组合疗法”的同步发展，不只是科学研究，还有教育、公共健康、商业和政策。要从不同的视角看待和解决问题，才能取得突破。我在童年时期遇到的那位切除喉头的病人，就证明了教育对于健康促进的重要性。教育是第一步，但想要有全方位的改变，我们就需要关注到健康管理系统的各个方面。我就是被“组合”这个框架体系所驱动，并把它作为我的领导哲学的。

妮娜非凡的“证言”表明，对目标的追求可以推动职业认知的发展，而这也正是自我的系统性构建的根基。

帕斯卡的音乐梦想

在我们的12位受访者中，有好几个人都非常清楚目标在他们寻求个体认同过程中所起的作用。一位满怀抱负的音乐家帕斯卡·勒伯夫（Pascal LeBoeuf）在访谈中谈道：“我已经找到了自我身份认同，找到了自己喜欢做的事情，有自己的所爱，这真的很酷。”在我们的对话中，帕斯卡详细阐述了他对于音乐的感受，这是一种复杂且具有开创性的理论观点。他说：“我想要因为一些原因创作音乐，我想要有更明确的方向性，在音乐背后有更深层的东西。艺术具有目标……音乐有不同的目标，我可以因为不同的目标而创作不同风格的音乐……不要去写音乐或想音乐，‘它让我有这种感受，’我试着在想，‘我如何才能写出让我有这种感受的音乐了？’因此，不是感受从艺术中来，我希望艺术从感受中来。这让我想到一些像技术或作曲方面的要素能传达一定的感受……所以，现在我备受折磨，因为我不会再回到从前那样，很随意地创作。但我也不清楚，没有目标的音乐是否就是无意义的。”

在帕斯卡还是个孩子的时候，就对视觉艺术很痴迷，用蜡笔一画就是好几个小时。在他 9 岁时，父母的一个朋友教他在钢琴上弹奏《粉红豹》主题曲、英国民谣《绿袖子》和其他曲子。“既好玩又有趣。”帕斯卡回忆道。不久后，他就开始上钢琴课了。（“我的父母总是会支持我的兴趣，”帕斯卡补充道，“不管他们是否喜欢。”）在 12 岁的时候，帕斯卡从古典音乐转到了爵士乐。在高中期间，他参加了各种爵士乐比赛、音乐节和表演团体。到了高中的最后一年，帕斯卡在音乐上的投入已经占据了他大部分的时间，以致他每天只上很少的课。即便如此，他还是设法在学业上保持很好的成绩，并考虑申请顶级大学的工程学学位。但是帕斯卡对音乐的兴趣还是占了上风，最终进入曼哈顿音乐学院，接受爵士乐作曲和表演方面的训练。

帕斯卡希望成为一名专业的爵士音乐人。像所有表演艺术一样，爵士乐也是竞争非常激烈的领域。很多年轻的业余爱好者最终没能跨入可以满足他们财务需要的职业领域。在这方面，帕斯卡显得很务实：虽然他的音乐梦想有理论化倾向，但这并不意味着他对实现这个梦想有着不切实际的幻想。正如上文中提到的，这是我们访谈的有目标感的年轻人所具备的一个特质——务实。帕斯卡会认真对待培养职业目标所需的要素，比如他会接触音乐产业，并关注事情的商业运作一面。就像帕斯卡在音乐上的思考一样，他对在财务上、职业上、个人以及音乐上想要达成目标的思考也具有开创性和整合性："我需要把它们都融入我的生活中，希望它们能齐头并进，这些都是我想要实现的目标，它们都是彼此互依的。我的音乐依赖于我的朋友。我的创造力依赖于我生活中发生的事情，以及我体验这些事情的方式。我的家庭依赖于商业运作，而商业运作又依赖于创造力和艺术。”这种全面的视角激励帕斯卡将全部的精力分配在音乐事业的各个方面。他并没有将它们区分成不同的部分，并对一些方面缺乏重视。这种看待问题的方式是具有高度目标感的年轻人在很小的时候就有着非凡的执行力的内在根源。

改变废机油回收方式的芭芭拉

芭芭拉·布朗（Barbara Bronn）是一位来自得克萨斯州的女孩，在我们对她进行第一次访谈时，她才 16 岁。她通过参与环保事业对执行力有了认知：“我认为，活动的完成，真的就是服从，或者说是倾听和专注。这也是环保工作很大一块内容，因为如果你做得不对，就不会有结果。特别是在我们申请物品或许可的时候……你必须遵照所有的细节规定，这样才能最终通过。”

芭芭拉和两个朋友一起成立 “别太冷酷”组织（Don't Be Crude），她在其中起到了关键作用。该组织的目标是通过提倡正确的处理机油方式来改善耕地环境。芭芭拉之所以从事这项事业，是因为她从朋友那里听说家人把废弃机油倒在自己土地上的事情，这种做法在得克萨斯州的农村地区非常普遍，因为没有其他的处理设备。“她注意到父亲把机油倒在地上，这会让草无法成活，”芭芭拉告诉我们，“我们当时正好需要为所在的4-H俱乐部[①]做些事情，于是就决定做这方面的研究。”很快，这些女孩和得克萨斯州环境质量委员会取得了联系。委员会协助他们创办了一个回收项目，以猫王的歌曲《别太冷酷》命名。女孩们满怀热情地承担起这份挑战。她们先是在自己的县上设置了一个回收容器，没过多久，她们已经在得克萨斯州的7个县实施了这个项目，保护了沿500英里海岸线超过数千英亩的地下水。在谈及取得的成就对她的意义时，芭芭拉的说辞跟其他具有高目标感的年轻人很像，也是整合成了一套关于事业的各个方面相互联系的理论：

我认为（我对这件事情感兴趣），是因为我就真实地生活在这里。这里的一切都是我们在使用的，我们的水泵就在后院。所以我认为这是主要原因，知道我靠什么生活、我应

① 4-H俱乐部（4-H Club），出自英文head、heart、hands、health四个词的首字母。它的使命是“让年轻人在青春时期尽可能地发展他的潜力”。——译者

该关心什么——特别是在机油回收的问题上，如果你把废机油倒在土地上，就会影响到地下水。无论你在哪片土地倾倒废机油，如果下面有地下水，就会渗透进去。这真的很重要，我们生活在这里，以地下水为生，而我们却在污染着自己的水资源。这就是为什么我认为环境保护是如此重要，因为我们生活在这里，生活在这个环境中。

值得注意的是，芭芭拉发现目标的模式跟研究小组里其他人很类似。她是通过直系亲属之外的人接触到了这个问题的——在她的故事中，是一个朋友（尽管在其他人的情形中可能接触的是老师或其他成年人）。这里面有一个启示性的时刻：有些事情出问题了，需要纠正或改善。对芭芭拉来说，是觉察到把废机油倒入土地对环境没有任何好处；对瑞恩来说，是震惊于非洲的一些儿童没有足够的饮用水；对妮娜来说，是发现有人死于原本可以避免的癌症；对帕斯卡来说，是通过自己的创意和激情可以把爵士音乐带到新的高度。

家庭与社会的支持

在这些案例中，年轻人都从自己直系亲属那里找到了支持，并从家庭之外的人或组织那里获得了指导。在芭芭拉的故事中，4-H 俱乐部扮演了一个至关重要的角色，要求她为社区做些事情，而得克萨斯州环境质量委员会更为她运营可回收项目提供了明确的可能性。一旦这些年轻人开始去做了，他们在一开始取得的成功会增强他们的动机，这样他们对于认定的目标就会更投入，相信自己能够在这方面作出成绩，也因此渴望学习所需的相关技能。

以下是我们所明确的“通往目标之路”的系列步骤：

1. 和直系亲属之外的人进行有启发性的沟通。

2. 观察有目标感的人是如何工作的。

3. 第一次启示性的时刻：世界上有一些重要的东西可以被改正或改进。

4. 第二次启示性的时刻：我可以为此作出一些贡献，让情况有所改变。

5. 对目标的认同，同时开始尝试完成一些事情。

6. 获得家人的支持。

7. 以独创和具有影响力的方式进一步加大对追求目标的付出。

8. 掌握追求目标所需的各种技能。

9. 提升执行力。

10. 变得乐观和自信。

11. 对目标的长期承诺。

12. 把在追逐目标中所掌握的技能和培养的性格优势应用到生活的其他领域。

一旦年轻人走上了追寻目标之路，他或她的性格就会因为经历的活动和事件而开始发生转变。出于必要，年轻人获得了诸如谋划、坚持、实践的能力，以及对于风险和暂时性挫折的承受能力。当然，这些能力包含了成为一名成功企业家所应具备的很多素质。现在，这些全身心投入具有挑战性目标的年轻人，在一定程度上是以企业家的心态开启他们的人生之旅的，对于使命有着热切的追逐。但是，他们还需经过磨砺，才能把企业家倾向转变为成熟的企业家精神，填补上成熟的社会企业家所需的实践技能和性格倾向等空白。

在经历过对具有挑战性目标的投入，并能对其完整看待之后，他们性格上诸如勤劳、负责、自信、谦虚等优点会获得极大的发展。不仅如此，他们各种知识（语言、数学、文化）的增长会远远超出之前在家庭或课堂中学习的水平。

或许最重要的是，在这些年轻人经历任何创业都无法回避的成功与失败的交替感受之后，对于“这个世界上可能发生的事情”（志向的可能及局限）的认知会更加成熟。这会赋予一个年轻人极大的自信，相信他或她有可能改变世界。这会让年轻人勇于担起重任，同时为偶然会出现的挫折（甚至失败）做好准备。我们的一个访谈对象，在15岁时就已为家乡的枪支管制立法而奋斗，并最终赢下这场艰难的“战役”，他谈到在朝着目标努力前行时，所获得的那种被赋予力量的真实感觉：

你不能安于现状，在生活中一切顺其自然。你不能总是害怕承担风险。你必须尝试不同的事情，甚至尝试一些你可能认为有点儿极端，甚至是遥不可及的——就你可能实现而言——的事情。你会想：“哦，这永远不会发生，这是不可能的，他们绝不会这样做。”试一试，为什么不呢？……你必须克服恐惧，不要说这不可能。你真的可以做些事情，这并不需要数百万美金，像人们在很多重要项目所花费的那样。我认为，在人们可以做一些事情时，真的可以感到被赋予了力量。

学习过程需要时间，需要持续不断的投入和努力，但这个过程并非没有快乐。事实上，从我们访谈对象的报告来看，工作过程是快乐的，并且能带来情感上的满足。关于这一点，让人想到米哈里·契克森米哈赖所描述的“心流”体验。“生命当中只有极少数事情，”他在文章中曾经写道，“能够像我们专注在一项艰难任务那样让人享受其中，使尽浑身解数，知道这就是我们要做的。”具有高目标感的年轻人很早就会明白这一点。一个 23 岁的高科技迷，从事编制复杂电脑程序和动态软件工作，这样描述他在工作中所获得的快乐：

在我回到家继续工作时，我的一些朋友不太理解。他们会说：“呃，你都在电脑上工作一整天了，为什么回到家还想要工作呢？”没错，但我现在做的是很有趣的东西，即使是在工作，都会觉得很有趣。这对很多人来说是难以理解的。他们回到家不会再提其他，认为我是痴迷在这上面……我想，这就是我如此热爱工作的原因，因为其中充满了挑战。

当然，他们工作的结果就是，当任务完成时，会带给他们一种独特的愉悦感。瑞恩告诉我们："当我第一次到乌干达，看到我们挖好的第一口井；我看到了那里的人们高兴的样子，仅仅因为有了干净的水源；他们载歌载舞，因为有了干净的饮用水……这让我感觉美妙极了，我真的非常高兴。"其他人也表达了和瑞恩类似的感受。

追求目标给个人带来很多的好处，这有助于我们解释为什么那些年轻人在找到了可以专注投入的事情之后，会锲而不舍地坚持下去。一旦他们开始做了，就不需要再借助外在的刺激和奖励来激励他们。但他们需要支持，首先最重要的是来自家庭的支持，再有就是来自朋友和社会其他人士的支持。事实上，所有具有高目标感的年轻人，无论他们是多么勤奋或富有创意，在他们做事的每一个阶段，都需要他人的大力协助。他们很有决心，但还没有自立——以我们文化的标准来看，他们还没有接受完全的教育或者说是"长大成人"，尽管他们取得了很多的成就，他们所投身的事业也令人钦佩。

对年轻人追求目标的支持可以有不同来源，且形式多样。我们所研究的 12 位年轻人，都有来自他们父母的重要支持——尽管父母并没有使他们接触特定的目标，并且常常发现这些目标是他们不熟悉的，甚至可能感到有些不可思议。然而，这些父母支持孩子们迎接这些挑战，并且常常会提供非常宝贵的帮助。芭芭拉·布朗回忆道：

我爸爸拥有解决问题的各种智慧，特别是当我们跟其他部门之间开始出现问题的时候。他可能会说“好吧”，然后会叫上其他孩子的爸爸们，“来，我们遇到问题了，让我们一起解决它”……（还有）一旦我们到了填写授权申请书的环节，我和妈妈就会坐下来，就填写进行专门探讨，直到把这个很长的申请表格填好。

父母通常在接送孩子和陪伴孩子上扮演着重要角色。当孩子们还太小，无法拿到驾照时，父母需要充当司机。在瑞恩 12 岁的时候，他还无法受邀独自出远门，所以父母中总有一个要陪着他去旅行和参加演讲活动。还有一位父亲，他 10 岁的女儿致力于阻止未成年人吸烟，他甚至配合女儿做买烟的卧底。他的女儿会进到当地的一家商店，试着买烟（她还远未到法定年龄），这会被隐匿起来的警察看在眼里。“我们称呼我爸爸为‘出租车司机’，因为他总是会载上我，并把我送到这里。”这个女孩告诉我们。同时，她的母亲则是提供持续的情感支持：“我妈妈是位心理治疗师，我们无话不谈。我们会全家一起出去度假，彼此的关系非常亲密。”

除了父母之外，其他一些成年人导师也可以起到非常关键的作用。事实上，通常都是来自家庭之外的成年人让他们接触到目标，或鼓励他们以此为业。妮娜·文森指出了与导师的关系在她努力寻找抗击癌症方法的过程中起到的重要作用。这位女士鼓励妮娜创办并领导青少年癌症组织，帮助妮娜起草了这个新组织的章程，并指引妮娜如何与美国癌症协会合作，还告诉她筹款在实际操作中的一些复杂细节：“她帮助我为潜在的捐赠者与授权委员会可能会提出的问题做好准备，她还向我解释了用数据和证据来支持建议书的重要性，并指导我大致了解了非营利组织和政府的运作模式。”妮娜这样总结她的经历：“她一直来都是我的导师，帮助我定义了‘我是谁’，并且让我认识了我在这个世界上的角色。”

在一些案例中，具有高目标感的年轻人会向多个导师寻求指导、支持和鼓励。例如帕斯卡，在过去几年中，他曾跟随多位老师学习，并把他们都视为自己的导师。他还从“只是在纽约街头偶然碰到的我很欣赏的音乐人”身上学习。我们研究中的另一个年轻人，23岁的迈克·戴维森（Michael Davidson）

对政治有浓厚兴趣（在这一代人中极其少见），并在投身于政治改革。他的导师有家人、工作上的主管，以及一位高中老师。这位老师对迈克的影响是最大的："在我读高三的时候，我们学校的一个政治学教授让我对政治的理论和知识产生了兴趣……他对这一学科充满激情。他很严格，给我们布置了大量的阅读作业。尽管这只是门选修课程，但我就是很喜欢，我学得很透。"迈克的另一位导师"相信并支持我，胜过我自己"，并且"就是他鼓励我全身心地投入到新发现的兴趣上"。在这个人去世的时候，"我为他写了悼词，写了他是如何影响我的人生，像父亲一样在很多方面关照我……"另一个年轻人也把他的成就归功于多位导师："除了父母，我还有很棒的导师。这就是为什么这个工作最后会变得如此重要，都是因为这些导师。事情能够拓展到社区层面，（是因为）有这些专业人士，他们发挥的作用与父母不同。"

有目标感的年轻人还从他们的同龄人那里获得支持：像大多数的青少年一样，他们非常看重友情，并且他们之间是以一些成年人无法复制的相处模式在互动。但这些高驱动力的年轻人也发现，老朋友之间通常不会有共同的新爱好。那么，解决办法就是在同龄人中积极发展新的朋友关系，最好这些新朋友跟他们有着共同的目标，并且能激励他们。帕斯卡用与其他人一致的语气告诉我们："现在容易多了，因为我在学校里的朋友都是搞音乐的，在高中时就不是这样。朋友是朋友，音乐是音乐，现在两者合一了。"

在我们的另一个项目中，在对具有高目标感的年轻人的生活状态进行仔细研究之后，教育心理学家肯德尔·布隆克(Kendall Cotton)这样写道："这些年轻人发现，学校的同龄人中只有个别人之间有共同的兴趣，但对大多数同学而言，对于激励他们的目标没有兴趣。然而，这些年轻人选择相向而行，对他们的目标非常投入，并积极寻找与他们志趣相投的同龄人群体。"

高目标感的年轻人对于自己的使命非常专注，有时会据此作出决定，例如，围绕这些使命，该选择什么样的人做朋友。但是说他们"专一"也是不确切的。实际上，这些年轻人有着和同龄人几乎相同的爱好。正如在本章的一开始所讲述的那样，从根本上来说，他们只是普通的青少年。他们也关注一大堆的东西，包括很多毫无意义的东西。而他们的突出之处在于他们的投入，他们取得的成就，以及他们在努力过程中所掌握的各种能力和技术。通过稳定的承诺，他们设法避免了在这一代很多其他年轻人身上让人感到无力的漂泊感。他们带着应对风险和挑战的热情，以及充分的思虑来追求他们的目标，这些也是崭露头角的企业家的特质。目标带来的所有非凡成果，带给自己的满足以及其他的“副产品”，都源于世界上所有其他年轻人共有的基因。

这种“常态”和“卓越的主动精神”的结合，正是我们想要从这群人身上了解的信息。他们的经历所提供的内容和当下所有年轻人的成长都息息相关。这让我想起最近看到的一部有点怪异但却深受欢迎的电脑动画电影——《美食总动员》（*Ratatouille*）。它讲述的是一只可爱而有才华的老鼠想要成为主厨的故事，它成功传递的信息是：“人人可以成为厨师”。和这部电影一样，我们的研究结果也让我坚信：“人人都可以找到目标，并且在追寻目标的过程中会给自己和他人带来很多的好处。”但是正如我所指出的，在这条路上，支持是至关重要的。

第5章 超越急功近利的文化

Beyond a Culture of Short Horizons

大人们这么做常常是因为担忧而想出的权宜之计，以帮助年轻人在当今充满竞争的市场环境中提前有所准备。但这种立场对于年轻人来说是不值得依赖的，因为它与人生发展阶段的自然规律不相符，再者因为它本身没有任何长期稳定的信念。这是一种怯懦而悲观的立场，既不能激发年轻人全心地投入，又不能让他们保持持久的忠诚……

第 5 章 超越急功近利的文化

年轻人寻找通往目标之路的最大障碍，是他们对渗透在文化讯息中的急功近利的接纳。颂扬“迅速见效”和“显耀成就”的流行文化，取代了诸如反思和内省这样的传统美德，后者曾一度被当作人类发展和教育的道德基本准则。借助电脑和电视的普及（在工业社会中，几乎每个孩子都可以接触到），大众传媒向大众传播着令人羡慕的人们迅速获得名利的故事。当今最常见的电视节目形式是竞赛，参加节目的普通年轻人在几分钟、几天，或者最多几周内就一跃成名，获得财富。对“快速获得物质上的成功”的诉求被当前经济环境放大，导致一些人拥有无比的财富，一些人要面临激烈的全球化竞争，而还有很多人则笼罩在贫困的阴影之下。

混合着寻求地位、物质欲、不安全感、自我推销以及简单肤浅的价值观，当今文化媒介正在驱使年轻人以牺牲长远抱负为代价，追逐短期的成功。一个可悲的讽刺是，对于当今很多年轻人来说，对短期目标坚持的时间太短了（因为他们无法坚持），甚至都不足以支撑到获得他们所期望的物质结果。大众传媒展示的获取财富和快乐的捷径，只不过是好莱坞式的幻想罢了。生活中的任何成功，从世俗意义的到精神层面的，都需要持续的努力。持续时间更长久且让人感到更满足的成功，需要对努力背后的目标有更深入的反思。从发展的眼光来看，人生中开启这种反思比较适合的时期是青春期，在这一阶段，年轻人开始选择要成为什么样的人，以及要过什么样的生活。

青春是充满理想主义的时期——或者说至少应该如此。在这之后可以有充分的时间掌控一个人的梦想，使其顺应这个世界上无法回避的各种限制。如果人生不是以充满理想主义的抱负作为开始，那很可能就会步入荒芜。几个世纪以来，哲学家、心理学家以及其他对人类发展的密切观察者都认同这一点。亚里士多德在两千年前曾这样描述："他们充满希望，对生活充满期待，他们品格高尚，他们选择去做崇高的事情，而非出于私利考虑的事情，这就是年轻人的特点。"

在今天这样一个高度竞争的世界里，年轻人的理想主义正在让位于一心只想获得物质回报和财务自由的渴望。研究者对刚步入大学的大学生们的信仰和目标进行了调查，得出以下结论：

特别需要注意的是，两种形成鲜明对比的价值观（“发展有意义的人生哲学观”和“实现财务自由”）的重要性出现了变化。在 20 世纪 60 年代末，“发展有意义的生活哲学观”居于价值观的首位，被 80% 以上的大学新生认为是“必不可少的”或“非常重要的”，而“实现财务自由”则被远远甩在后面，排在大概第五或第六的位置，仅有不到 45% 的大学新生认为它是“非常重要的”或人生中“不可或缺的目标”。从那之后，这两种价值观就基本上对调了位置，“实现财务自由”现在排到了首位（74.1% 的人认同此项），而“发展有意义的人生哲学观”现在则排到了第六位，仅有 42.1% 的人支持此项。[14]

这个排序的变化并非凭空发生的。我们主流的媒体不断强调物质成功的诱惑力，特别是那种“快餐式”的成功。再有就是近些年来，成年人们不断地跟年轻人讲（尽管是出于好意），要他们跳出原本的理想主义，学会更关注物质上的收益。成年人们这么做常常是因为担忧而想出的权宜之计，以帮助年轻人在当今充满竞争的市场环境中提前有所准备。但这种立场对于年轻人来说是不值得依赖的，因为它与人生发展阶段的自然规律不相符，再者因为它本身没有任何长期稳定的信念。这是一种怯懦而悲观的立场，既不能激发年轻人全心地投入，又不能让他们保持持久的忠诚。

我的用意并非贬低人们在青年时期或人生其他阶段对物质的追求，所有人都需要，也应当享有一定的物质财产。至于金钱，它无疑是实现很多人生目标的关键。帮助年轻人学会如何以务实的方式追求他们的梦想，其中很大一部分内容是教他们学会管理在自己所选择道路上的财务需求。但是，孩子们也必须明白，金钱是达成目标的一种手段，希望是一种崇高的手段，而不是目标本身。至于说金钱本身的魅力，这不过是一种极大的自我吹嘘，只会把年轻人引向荒芜之径。前面提到的“快餐式”心理，只会让人生方向变得更加渺茫。至于说取得成功并不需要努力和多年的准备这样的说法，其实是暗示只要一个人运气好，就可以不费吹灰之力快速获得他想要的东西，比如名声和物质财富，这些就足以代表真正的成功。我反对这种说法的原因是，真正的成功需要比名利更为深层的一种意义感。脱离了终极关切，物质成功的累积便不能服务于更远大的目标，那在一开始带来的自我满足消退之后，它只能成为治疗让人备感沮丧的空虚感的一个药方。

当今主流的文化信息让很多年轻人相信要竭尽全力（有时候是近乎疯狂的）去努力追求成就，但却无法帮助年轻人去发现他们付出努力背后更深层的目标。这些信息，让艰辛得来的成就与终极关切无关，即便是再优秀的表现也给孩子带不来什么个人意义。再有就是，在我们和很多年轻人的对话中，我们都没和他们讨论最根本的问题，这就好像是在他们快速前行时阻碍了他们的步伐。在我们低头向前冲时——也包括他们，我们不仅无法感知“什么是值得奋斗的”，我们还耗尽了年轻人能够获得持久动力的主要源泉。

短期目标，如完成一个家庭作业、取得好成绩、被选拔为队员、找舞伴参加舞会，每天都会来了又去。就适应当下情况而言，它们可能是必要的，并且年轻人可以在追求这些短期目标过程中学到一些重要技能。但是，这些短期目标并不能决定未来的日程。急功近利的思维不能帮助年轻人确定一个他渴望的自我认同（我希望成为什么样的人），也无法带来一个让人可以投身于其中的备受鼓舞的目标（我的人生想要达成什么样的成就）。短期目标可以让人跨越当下（当然，在一些时候是必要的），但无法产生那种让人有持久满足的前进动力。

我们的文化之所以会注重急功近利，无疑是源于，或者至少是因此而被强化，我们面对急速发展的全球经济所产生的不安全感。我们担心自己和我们的孩子能否在应对寻求住所、教育、医疗等基本需求方面所面对的竞争。在一些人正在前面抢我们饭碗时，我们怎能允许自己被这些宏观问题（“为什么”问题是最宏观的问题）分心呢？具有讽刺意味的是，尽管我们努力用务实的方式保护年轻人，但结果却是使得他们应对复杂世界的准备更显不足。因焦虑而想出来的短期策略，是无法孕育想象力和勇气的，而这两者正是高度动态的当代社会所需要的。只有把眼光放长远，以充满活力的目标驱动，才能建立和培养未来所需的各项技能。

没有去问一些终极问题，我们一直以来都把年轻人的注意力导向到一些短期问题上，如竞争、自我推销、地位和物质回报等。我们可能认为关注这些东西是最符合他们利益的，但到了最后，我们总是会发现，全部关注放在这些东西上，只会徒增年轻人的矛盾心理、疏离感和愤世嫉俗。然而，我们总是试图把自己的关注和目标强加给他们，而不是鼓励年轻人去追求能激励和鼓舞他们的兴趣。我们对他们对意义的追求（他们试图去回答的那些“大问题”）置若罔闻，反而要把他们拉回到我们担心的问题上，这是一种完全无效的尝试。

超越急功近利的思维：在校园中

值得称赞的是，我们的社会在过去几十年中对教育已经越来越重视了。美国的政界人士现在都站在支持教学改革的立场上，商界领袖也对受教育人口对应对全球市场竞争的重要性有所考量。慈善家们投入大量的人力、物力，努力保证每个学龄儿童都能获得未来工作和生活所需的各种技能。由于政治观点和世界观的不同，各方努力所遵循的方式各不相同，但除开极少数例外情况，当今各界推动教学改革的方式中有一点是共通的——他们衡量学生进步与否的标准几乎完全依赖于他们的考试分数。

我并不是批判考试、评分以及其他客观衡量学生成就的方式，我支持这种衡量成绩的明确标准，并且相信公平的竞争可以促进学生的学习。但是当下学校里普遍采用的标准化考试，对于更高一层的标准而言，即让学生拥有卓越的学习、理解能力，以及获取有用的知识方面，是没有太多帮助的。我们判断学生是否在学习（以及学校的工作是否做得出色）所依凭的考试，只适用于给那些想要评估学生或学校教育系统的人提供证据。对于学生和学校而言，考试就变得“攸关重要”。这样一来，考试就会将人们的注意力转移，让人们偏离其他的教育优先考虑事项，特别是鼓励学生“主动获取知识”和“对终身学习的热爱”这些核心使命。对意义和目标这类问题的探索本该是构成所有学习活动的基础，却往往被完全排除在学校日常活动之外。没有谈论这些更深层的目标，课堂上的主要内容变成向学生快速传授一些他们几乎没什么兴趣的事实、人名、地点以及公式，使得学生对应用于课堂之外的问题既无兴趣又无技能。

批判者抱怨我们过于依赖标准化考试分数（我相信这种观点是正确的），让老师和学生无法专注在教育的真正使命上——发展一种对学习的热爱，这种热爱可以让人一生都保持学习进步的状态。我同意这个会被人们频繁提及的观点，但也想说明一点：考试本身并不会削弱任何东西，包括对学习的热爱，但如果考试变成了那些制定学校议程的人（我这里指的是包括从学校董事到给学生上课的老师所有人）唯一或最主要的关注点的话，那就意味着最重要的一些事项很可能被排除在学校的议程之外了。这些最重要的事项之一，就是“深度学习”，正如批判者所指出的那样。

同样重要的一点是，尽管常常不会被人们注意到，学生对于学校日常的要求和活动的意义的探求。很重要的一点是要去问（年轻人通常也是这么做的），“学生在学校里做的事情”跟“更远大的目标”（能够激发他的兴趣，让他释放活力并最终作出承诺的目标）之间是否有关系，如果有，那么这种关系是什么？这也就是我在本书中频繁提到的“为什么”问题。这一次问题所针对的是占据着一个年轻人大部分时间的课堂和作业。

正如我在本书的开头所写的，很少会听到老师跟学生们讨论他们的学习活动可能指向的“更远大的目标”，也不会提及很多人在追求目标过程中所体会到的满足、兴趣或快乐。为什么数学家要费力完成学生们必须学习的论证？为什么科学家要去做课本里的各种实验？为什么我们要读文学作品或去看莎士比亚的戏剧？这些问题的答案对我们成年人来说也许是显而易见的，但是孩子们没有办法去了解这些活动的吸引力，除非他们亲身去体验，或者有机会去观察那些被体验所激励的人们。当学生有这样的机会时，会给他们留下非常深刻的印象。老师通过向学生表达自己对于真正感兴趣的学科的欣赏，就可以让那些甚至是最不专心和吵闹的学生投入到课堂中来。我曾经看到过一个位于贫民区的非常糟糕的班级，当老师充满激情地讲述在她年轻的时候，一部伟大的文学作品带给她的激励时，学生们的注意力一下子就提起来了，放下他们一贯冷酷逞能的样子，很专注地听、出神地思考，领会着老师讲述的内容。

但在大多数情况下，最根本和最能激发孩子对学习兴趣的问题都没有被孩子问到，也没有得到回答，尽管老师本人是知道问题答案的。为什么有人会学习教育知识并找一份教师的工作呢？老师们很少跟学生讨论驱使他们跨入这一职业的原因，也不会经常分享他们通过召唤体会到的满足感带给他们的激励。这对于刚开始思考认识职业的意义的学生来说，是怎样一种榜样示范呢？如果我们总是将学生的注意力从对“长远的抱负”和“对个人的意义”的关注上引开，我们怎能期待一个学生找到持久的目标感呢？

如果我们在给学生提供的信息中从来不涉及他们所钦佩的

成年人寻找到有意义的事情；如果我们从来不告诉他们这些成年人是如何寻找到目标的；如果我们从来不给他们提供机会去反思个人的探索，不鼓励他们去问关于他们“在生活中想要做点什么”这类最重要的问题，那么我们面临的风险就是：当下一代人步入成年阶段时，会缺乏方向感，或者更糟糕的是，完全不想进入成年阶段。

假设年轻人遵循建议，去寻求自我价值的实现，但在这样一个充满了压力、竞争、工作上的种种要求及他们听闻到的无穷无尽的责任的世界里，他们如何能设法找到既能带来回报又有意义的事情呢？老师们极少会提到这个关键性的问题。但这个问题是所有年轻人迟早必须面对的，并将对能塑造他们人生的选择产生影响。

我们的学校（至少好一些的学校是如此）很擅长培养孩子的基本技能，我们的大学则让年轻人接触各种各样的理念和知识。所有这些教育的礼物，能够极大地丰富学生的精神生活。但是，当谈到引领学生走向他们能从中发现回报和意义的人生道路时，很多学校就露出了短板。在课堂上，大多数学校和大学强调的是专业知识，学生能用到的非常有限。偶尔，几乎是到快要离开校园时（在毕业典礼的短暂契机），尊敬的各位领导会督促学生们走出校园，作出一番伟大事业。但当到了要把他们的专业课程和这些远大的抱负之间做一个联系的时候，例如，向学生展示数学或历史知识如何服务于学生想要追求的更远大目标时，差不多都是要留给学生自己去寻求解答。如何构建这些联系并不包含在课程之内，当然也不在老师或教授的职责范围之内。

或许这类建议应当由辅导员或职业顾问这样的人提出来，但就此而言，我们的中学和大学目前还无法提供这样的支持。在当前大多数学校里，为学生配备的辅导员的数量还太少；而且在很多大学里，寻找职业咨询，其效果也不太理想。在“学生学习专业知识”和“他们如何找到对他们来说有意义的职业”这两者之间建立连接，被我们当代的学术机构放在优先级最低的事项之列，远在搞点足球活动、邀请名人露面和建设新的宴会厅之后。

中学跟大学一样，很少有老师会花时间跟学生讨论他们每天所做的事情更大的意义是什么，对于一直倡导和致力于“智力评估”和“批判性质疑”的机构来说，疏忽掉这一点让人感到有些意外。这种“意义的缺失”会从学生当前的活动延伸到他们未来的前景：不管是现在而言，还是未来而言，学生们常常对他们的课业和他们要用到的知识技能之间的相关性感到困惑。从更广义的层面来说，就更无法指望通过课堂教学引导学生反思诸如“我想要成为什么样的人”或“我人生的意义是什么”这类重要问题了。这类问题对很多教育者来说太空泛了，即便是在哲学课上也是如此。然而，这些问题对于正在接受完整教育的人来说却是非常重要的。

超越急功近利的文化：在社区和媒体中

在年轻人花费时间较多的其他方面（我们的社交活动和对大众文化的吸收），情况又如何呢？年轻人又会受到什么样的引导呢？这是年轻人在成长过程中最大的机遇。一些运气好的年轻人会遇到成人导师，带他们接触到能激励他们的目标，了解实现目标的切实方法。还有一些年轻人会从我们的媒体和教育机构制作的最高水平的关于艺术、历史和文学作品的介绍中获益。

但当今很多的年轻人仍会处于漂泊状态，缺乏机会或是被鼓励有这样的接触。他们将任由媒体来摆布，而媒体展示的是我们社会中最粗俗、轻浮和功利的部分。随机浏览目标人群设定为年轻人的网站、有线电视节目、畅销书以及音乐，都会看到众多品位低俗之处，多到足以塞满一座仓库。我们当前的大众媒体向年轻人推销方式完全可以说是“竞相奔向底线”。

最近文化中涌动的对目标的关注，本身就发人深省。正如我们在第2章一开始所提到的，在古代，生活需要目标的理念已经汇聚在科学和文学作品中了。而在我们的社会中，关于目标的信息还显得太过缺乏，特别是在我们养育和教育孩子方面。当代作家开始关注这个关乎人类繁荣发展的不可或缺的部分，难道是因为，不管是有意识的还是无意识的，我们组织家庭和社会活动的方式已经使其遭受了危险？

我说这些并不是想要抗议当代文化的衰退（事实上现在已经有足够多的媒体评论家乐于发挥这样的作用了），我想要指出的是，年轻人的文化适应能力不会自然出现。成年人必须积极创建一种健康的文化环境，既要有约束，又要能带来激励。年轻人从他们所接受的文化信息中能领悟“边界”（什么是允许做的，什么是不允许的），同时还能找到积极的榜样（在谋求成就和自我实现时具体该怎么做）。如果想要让年轻人找到积极的人生方向，那么成人就必须给社区内的年轻人提供“社会化的学习”。如果我们让年轻人有机会接触这类社会化学习，让年轻人试试看，那么一些人就能够依靠自己的力量找到卓有成效的路径，当然还有一些人可能会迷失，或是被文化当中很多腐朽的东西所误导。

设想，一位年轻人正在寻求关于职业道路选择的建议，正如我们前面提到的，“中学”因准备不足而无法提供，也极少发现哪个“大学”在这方面有较多的投入。“父母和亲戚”也许能提供一些有帮助的指点，但他们中的大多数人要么对当下的职业缺乏足够了解，要么是带有个人的倾向性（“你应该到我们这个行业工作”），在年轻的听者看来，这些大人因不具客观性而是不值得信任的。这样一来，年轻人就只能凭借透过大众媒体视角所观察的那些东西。好莱坞呈现给他们的是经过美化的、缺乏深度的职场人士形象，无法揭示对现实世界的种种关注，以及不同职业带来的现实挑战是什么，又会带出什么样的机会和回报。至于书籍，2006 年个人理财类荣登“畅销榜”的两本书，毫不掩饰地传递着这样的信息：唯一值得人们去追求的职业，就是那些能带来巨大财富回报的职业。其中一本书对比了一位成功的企业家和一位老师，后者被描述为最终成了一个穷困潦倒的人。另一本书更是不加掩饰地评论道：“中产阶级不过是在他们的领域里做得差不多的，而穷人就是在他们领域里做得很糟糕的。”即使是对富豪不持敌对态度的《华尔街日报》，在这本书的评论中也抱怨道：“各地的警察和修女会对这样的观点表达愤怒，这是完全合理的。”但仅有极少数的年轻人能像资深的书评者那样，有着丰富的经验或成熟的判断。一旦他们接收了这些信息及类似的文化信息，他们就可能得出这样的结论：大多数他们可选择的职业，都是为失败者准备的。其实，其中很多职业是对社会很重要的，并且能够给投身其中的人带来深深的满足感。

这对于那些处在人生十字路口即将进入成年阶段的年轻人来说，没有任何帮助。不但没有帮助，事实上还会造成有害的影响：这个观点事实上是错的，会将人误导上歧途并让人感到泄气。真正有帮助的，是能够将年轻人的注意力从短期的、不相关联的目标上引开的方法，而不是那些不能带来持久的满足，转而去追寻能在当下和未来给个人带来意义的目标。从更广的范围来看，年轻人还需要接收到能够鼓励他们积极参与社会活动的文化讯息。正如我在之前提到的，由于看到了媒体中对公职人员的报道，很多年轻人丧失了对公民和政治的兴趣。

无论是我们的媒体，还是政府领导人，对当下年轻人关于公民生活的态度一直都缺乏足够的关注。在我们的主流文化中，无论是学校、媒体还是其他机构，都没有把“鼓励与公民社会建立积极的联系”作为优先考虑事项。唯一的原因就是我们没有看到对于一个人的长远发展来说最重要的东西是什么。我们必须重新获得更有远见和更为开明的视角。正如在早先年代受人尊敬的国际领导人达格·哈马舍尔德（Dap Hammarskjöld）曾经说的：“只有将目光投向远方的人，才能找到正确的道路。”作为成年人，我们的职责是在充满不确定性、让人感到困惑并且越来越愤世嫉俗的时代，为年轻人提供富有远见的指导。

超越急功近利的指引：在家庭里

最近，一位母亲给我写了一封邮件，内容如下：

几个月前的一个早上，我的女儿来找我，说她看了一部关于买卖人口的纪录片，讲的是年轻女孩们如何被贩卖为奴的。她对可能发生这样的事情感到很震惊，她听说在很多国家甚至包括美国都曾发生过这样的事情，并且她说，她必须为此做些什么。我说，为什么不在学校里创办一个增强人们这方面意识的项目呢？或许还可以为努力解决这个问题而发起筹款。我还说这是个很棒的主意，因为她可以把这件事情记录下来，放到她的大学申请材料里，可以给未来申请的大学留下极好的印象。就在这时她转向我，略带失望地（更别提她的嘲讽了）说："你说得没错，妈妈，我就是这么想的，不是吗？"我那时候立刻就感到羞愧了，我立刻认识到，我为你们探讨的问题提供了多么好的素材。这只是一个小的例子，但它体现出了一个很常见的现象，为了想要让我们的孩子在市场上更有竞争力，我们硬是把可能发展为长期目标的他们"对他人幸福的关心"，变成了一个短期的、自私的目标。

我在此引用这封邮件，并不是因为它让人感到震惊，或显得不寻常，与之相反，是因为这是一个我在过去几年中频繁目睹到的"成年人与孩子倒置"的例子。

年轻人比他们周围的成年人对问题的认识更加敏锐。他们看穿了父母引导行为的核心动机，是精打细算的自我推销，还有更让人沮丧的，这是一种糟糕的自我保护。他们觉察到了这个核心的可疑之处，出于对提出这类建议者的尊重，他们可能认为照建议去做是适合的，但几乎不会带着什么热情。

奇怪的是，很多年轻人经常面对的不加掩饰的权宜之计的压力，通常和真正的物质需求并没有什么联系。实际上，最大的压力往往来自那些最富裕的家庭。大卫刚从大学毕业，他之前在几个暑期里都在一个致力于帮助贫困儿童的慈善组织中工作。大学毕业后，他想要全职加入这个组织，帮助他们组织募款，以及做一些行政管理工作。这份工作的薪酬仅能维持基本的生活，大卫也不知道这会将自己的未来导向何方，可能是在慈善或医药领域，或者走向社会企业的管理或商务岗位，还可能从事公共服务法律方面的工作。尽管这份工作看起来很艰难，并且充满不确定性，但是每当大卫谈起的时候，眼睛总会闪现光芒。但是大卫的爸爸对此却强烈反对，认为大卫应该去读一个更高的学位，然后再开始这样的工作。作为一个白手起家的成功商人，大卫的父亲很容易把世界看作是一个充满残酷竞争的地方，并且这种态势一直在愈演愈烈。或许这位父亲是害怕如果大卫把几年的青春时光花费在前途不明的慈善事业上，那么他就会因此落后他人，并且永远无法赶上。

父亲和儿子之间的矛盾冲突不断升级，以至于到了用“断绝关系”来威胁对方（断绝沟通、剥夺继承权、诅咒）的程度。最后，两人在关系濒临破裂时，各自退让了一步，但是在此之前，持久的不信任和敌对的情绪已经在彼此之间生根发芽。最后，大卫休学一年，一边为慈善组织做一些兼职志愿者工作，一边申请攻读法学院。但他的申请尚未获得通过，可能是因为校方从申请材料中看出他对这门课程缺乏热情。总之，大卫的未来仍是不确定的。而此刻，他的自信、激情和投入程度都明显不足了。

人生中第一次的努力尝试是非常重要的，因为它可以对整个发展过程产生影响。我们可以很肯定地预测，在大卫能够充满自信地走上一条能带来满足感的职业道路之前，他需要学会处理与他早期想要作出重要贡献的尝试相伴随的矛盾冲突。最糟糕的情况是，负面的关联产生了滚雪球的效应，在整个人生中都有增无减，体积变得越来越大，积聚的能量变得越来越多。一个被延误的梦想被看作是个人的失败，然后又被解释为自身能力不足，而这一点又成为延迟接受或拒绝其他梦想的理由，这样一来就陷入了失望和自我挫败的循环。这也是为什么给年轻人早期的努力提供支持是如此重要的原因。从长远来看，鼓励年轻人做些尝试，是非常有必要的，它能将人们引向富有成效和满足感的人生方向上。

对当下的很多年轻人来说，第一个能产生长远影响的（尽管注意到这点的人少得出奇）努力尝试是大学申请。大学申请通常是学生面临的第一个正式机会，他们必须向备受社会尊敬的机构陈述自己的计划、目标以及成就，由学校来评判是接收还是拒绝他们。学生们完成这项任务的方式，也为以后其他的个人展示行为定下了基调。在以后的生活中再次面临评估，他们在表达自己时会感到自信吗？在陈述自己过往成就时，他们能学会真实地展现自己最好的一面吗，还是会夸大、歪曲甚至编造事实？

大学申请这件事情可以直接引出的问题包括：学生们会坦然陈述自己对大学教育的期待吗？还是他们只是试图揣测校方想从他们这里听到什么话语？或者我问得再直接一些，他们会自己写申请书吗？

现在的大学申请书大多都是父母代笔的产物，这已经是公开的秘密了，如果看不到这一点，就显得有些太过天真了。学生们关于申请目的的自我陈述，通常都不够真诚，甚至可以说不够诚实。近几年，我跟一些知名大学的管理部门探讨过这个问题，仅凭记忆，我几乎都可以背出学生和他们的父母编写出的，想要努力讨好校方管理者的措辞："我想要为世界带来改变，迎接更多挑战，志向高远，追随我内心的热情，学习我选择领域所要掌握的全部知识，不管是在学校里还是学校外都积极为我所在的社区做出贡献，致力于改善人类的境况。"如果这些是学生发自肺腑之言，那的确可以称得上是非常精彩的关于实现自我价值的陈述。当然，在一些情况下，他们也确实是这样做的。但对很多学生来说，用这样一些措辞来填写大学申请书，只不过是在担任"编剧"和"导演"的父母的监督下，所做的关于"伪装"和"编造"的练习而已。

这有什么不对吗？从另一方面来看，这确实展示了父母对孩子的关心和爱。此外，任何来自父母的帮助都可以给孩子机会去学习一些宝贵的实践技能，这些技能来自于父母更为丰富的人生经验。再说，每一个学生不都有权利去争取可获得的最好机会吗？父母为什么就不能竭尽所能让孩子进入最有名望的大学呢？有太多的理由让父母在不管在什么情况下都为子女提供指导和帮助，自然也包括申请大学。

然而，任何一种以父母的努力代替子女的努力，而不是支持孩子自己去努力的做法，都会产生诸多料想不到的结果。从道德层面来看，这是不诚实的行为，为了特定目的而让孩子参与到不诚实的行为中，会传递给孩子关于“真相”的错误讯息。从现实层面来看，对于学生最终的幸福而言，“找到适合自己的大学”远比挤进一所最有声望的大学要重要得多。掩盖真相（关于孩子真正的成就、目标和兴趣）会带来适得其反的结果，因为“搪塞”会阻碍人们找到与自己相适合的匹配对象。很多学生被他们追逐名望的父母所驱使，硬是挤进了本不该属于他们的地方，在经历一些挫败之后才发现，他们的兴趣和潜能在其他领域可以得到更好的认可和实现。接下来他们可能会中断学业，另寻专业发展，这里面就有了不必要的时间浪费和伴随风险。这已是全国各地的教育工作者普遍担心的问题。

父母的指引

有一个好的改变是，与上一代人相比，当下的年轻人和父母及其他成年人的沟通变得更加亲密而热切了。现在经常可以听到婴儿潮一代的父母提到（掺杂着困惑和喜悦），他们的孩子会频繁而深入地跟他们沟通最私密和严肃的问题，实际上是想征求父母的意见。很多和我差不多年龄的成年人会说："我如果要做一个决定的话，最不愿意去问的人就是我的父母，但让人感到吃惊的是，我的孩子居然看上去想征求我的建议。"

正如任何一种社会的改变都会伴随各种各样对此的解释，我的一位商界朋友认为，这纯粹是因为手机的作用和低廉的长途话费造成的。一项社会学研究发现，总体而言，现在的人们跟自己的家人更亲密了，与邻居却疏远了，这意味着我们更有可能只与家庭的核心成员（如父亲和母亲）讨论重要的问题。根据这项研究，"整体的描绘是：一个紧密连接的、亲密的、同质的联系纽带网自身在慢慢地聚拢，变得越来越小，相互连接更为紧密，更加关注核心家庭（夫妻、父母和伴侣）的超强联结”。[15]这就带来了人所乐见的好处：父母和子女之间的沟通变得更亲密而频繁了。

这样的沟通使得父母有更多的机会对子女施加更加有效的影响，但我们并不是总能利用好这样的机会。做父母的可能不知道如何借由亲密沟通，为子女们提供让他们觉得有建设性和意义的指导。由此造成的结果是，年轻人所获得的关于他们人生中最重要问题（他们可能希望达成的目标，他们发现有意义的未来方向，值得为之奋斗的事业，以及他们为什么而存在）的指导，里面通常都不会涉及更远大的目标。类似这种情况，如同上文那位母亲在邮件里给我讲的那个小女孩的故事，年轻人可能会觉得父母的建议让人感觉有些不太舒服，这些建议是自私的，无法对人产生激励，在他们离开时，可能是带着沮丧和压力，而不是鼓励和希望。

年轻人会非常重视那些富有经验的、关心他们且比他们更了解这个世界的成年人给予的指导，但这一指导必须围绕年轻人最高远的志向展开，这样才是对他们最有帮助的，也是最受他们欢迎的。这并不是说要迁就年轻人的诸如想要“掌控宇宙”这样不切实际的幻想。年轻人并不希望大人们把艰难的现实遮盖起来不让他们看到，他们希望学会如何在这样的现实中实现自己的梦想。告诉他们要实现最远大的抱负所需采取的切实措施，这才是最有教育意义的。

问题是，很多年轻人并没有得到那些既尊重他们最深层的目标，同时又能给他们一些具有建设性和实际意义的指导。通常他们从身边很重要的成年人那里听到的是“可怕的警告”，以及“击败竞争对手的计谋”。在这种情况下，年轻人就没办法学到追寻目标的切实方法，反而会认为自己的目标是不现实的，同时也无法看到任何可以激励他们的其他选择。实际上，我们可以做得更好。在家庭中，以及在社区中，我们都可以帮助年轻人以务实而有效的方式追逐他们最高远的志向。在下一章中，我会给父母，以及孩子生活中的所有成年人一些关于如何发掘并培养孩子目标感的具体指导。

第6章 家庭中的目标感培养

Parenting for Purpose

在这样一个经济、文化、社会的不确定性越来越高的世界，当前父母最紧迫的事情是帮助孩子们获得有益的方向感，使他们能够跨越雷区——威胁他们这一代人的漂泊、迷茫、冷漠、焦虑、恐慌以及自我沉溺。我还坚信，找到方向感的关键，是发现人生的目标……

“是一些孩子天生就有目标感，还是说每个人都需要去学习？”

“父母能做些什么来帮助孩子获得目标感？”

“我要怎么跟孩子谈论目标，才不会显得过于说教或令人厌烦？”

以上是我跟父母们说起我关于年轻人目标的研究时，经常会听到的一些问题。我当然不会假装自己知道当下养育问题的所有答案。事实上，我往往会把自己描述成有三个青春期孩子的“幸存者”，在享受为人父母的很多快乐的同时，我也经常有完全不知如何应对的时候。但我相信在这本书里所提到的研究和发现，会为父母培养孩子的目标感提供重要的指导。从第 1 章和第 3 章中所列举的一些例子，以及第 4 章中对具有高度目标感的年轻人的深入访谈中，会得出一些重要的结论。

在此，我并不打算提供一套完整的养育指南，而是想提供一些具体的方法，以供父母们在培养孩子目标感时有效地加以使用。培养孩子的目标感需要父母的高度参与，需要父母经常与孩子分享他们的人生观和价值观，能够认真倾听孩子对于兴趣的表达，并采取各种措施来支持这些兴趣的发展。最近媒体中出现了大量关于“直升机式父母”的报道，但正如我之前对此的评论，关于类似的对父母过度参与的批评，都忽视了一个关键点，那就是父母应该关心他们的孩子，并参与到孩子的生活中，关键在于他们不能变得控制欲过强。

养育总是会有不同的风潮转向。过一段时间，旧的做法看上去就会显得过时，甚至还很愚蠢。在 20 世纪初期美国历史上的“进步时代”，在新兴的心理学的影响下，人们开始对孩子的思想和情感有更多关注。传统的想法——“大人在说话，小孩儿别插嘴”，逐渐转变为一种“以儿童为中心”的教条主义。这种教条主义在之后近 100 年的时间里都在主导着养育孩子的实践，借用一位有影响力的作者的话，就是建议父母要时刻“把孩子放在第一位”：认真倾听他们的渴望，尊重他们的想法，在他们遭遇挫折时解救他们，尽可能保护并增强他们的自尊心。

跟之前的养育方法相比，这种更加善意而温和的方法无疑被认为是一种进步。

但到了 20 世纪末期的时候，出现了反对的声音，因为在那时，过于以孩子为中心、放任的养育方式被视为过于骄纵。在看到报纸上刊登的青少年犯罪率急剧攀升的报道之后，不安的父母们相互间开始谈论起邻居小孩儿粗鲁无礼的行为，以及在拥挤的飞机上和一些公共场所看到的糟糕行为。一些跟这一主题相关的书籍开始出现在书店的书架上，比如《我说了算》(*Because I Said So*)《宠坏了》(*Spoiled Rotten*)《不！》(*No*)，以及我写的一本《更高的期望》（*Greater Expectations*）。一度被认为是“陈旧”的教育观念——纪律、父母的权威、行为准则等，重新获得了人们的青睐。

就适应新环境和纠正错误导向而言，这种社会趋势的变化是健康的。20 世纪早期这场“以孩子为中心”的革命，使得我们对待孩子的方式有了多方面的改善，包括从禁用童工到改善亲子间的沟通。本着同样的精神，当代的“SYTN”（Say Yes to No）运动（一些父母甚至自发地组织周围的人参与）[16] 也可以被看作是为了矫正孩子们开始形成的观念（“不管他们做什么，也不管这些行为是否扰乱他人或不合时宜，都应得到颂扬”）

所做的努力。

我们必须始终保持警惕。当一种新的潮流来到时，它会带来一些曲解和盲点，这是需要加以防范并迅速抵制的。我们往往在很长时间之后都无法认识到伴随新潮流而来的不良后果。我们的社会经过了太长的时间才认识到，改革论者提倡的对儿童心理安全和健康的积极关注，已经逐渐演变成对孩子基本道德准则和行为规范的削弱。到现在为止，依然可以经常在媒体上看到这一“认识上的延迟”的受害者。风格更为强势的养育方针重新流行起来。但这一变化同样伴随着风险，我们必须不断检视关于“年轻人需要什么”这一被广泛接纳的假设，以避免陷入任何一种潮流的故步自封中，无论这一潮流看上去是多么的合乎情理。

无论我还是其他人写到的关于“管教”的好处，有一件事是显而易见的：就养育的指导而言，说“不”是远远不够的。至于我在第 1 章中所说的各种“标准”，“年轻人在长期会获得茁壮成长”的想法是错误的，除非他们能在想要努力达到的标准中发现对个人的意义。

任何关于养育指南的描述中，都会给出一些告诫，我非常坚信的一个判断是，在这样一个经济、文化、社会的不确定性越来越高的世界里，当今父母最紧迫的事情是帮助孩子们找到一种有益的方向感，使他们能够跨越雷区——威胁他们这一代人的漂泊、迷茫、冷漠、焦虑、恐慌以及自我沉溺。我还坚信，找到方向感的关键，是帮助孩子发现人生的目标。然而，父母没有办法通过简单的方式赋予孩子一个人生目标，实际上，任何“太过强势”和“控制”的做法往往会适得其反。尽管如此，作为父母还是可以做很多事情。

所有的父母都有着人生阅历和智慧，毫无疑问，孩子们可以从父母的这些馈赠中受益。关键在于父母引导孩子走向真正属于他自己的目标时所使用的方式，一定不要控制欲太强，或过于武断。很多研究表明，孩子对于父母的说教或者是命令经常是听不进去的，特别是在个人寻找真正的目标感方面。孩子必须有一种意识，在追寻人生目标的道路上，是自己来做选择，父母不能代替他们选择。

父母应该做的，是把孩子引向有前景的一些选择上，并帮助孩子做筛选，思考孩子的天赋和兴趣如何与世界的机会和需求相匹配。父母可以支持孩子依靠自己的努力去探索有目标感的人生方向，并提供更多发现可能目标的潜在资源。父母在其中更多扮演的是支持者的角色，而非领导者的角色，因为这场剧的中心舞台是属于孩子的。尽管父母所能提供的最有效的帮助都是间接而非直接的，但仍是非常有价值的。

我经常听到一些父母问自己，我到底能做些什么？

一些孩子是否天生就比其他孩子更有目标感

最近几年，人类发展科学已经发现了越来越多的孩子与生俱来的能力和倾向。从对新生儿和婴儿行为的研究中，我们知道，所有健康的孩子都有同理心能力、对照料者的依恋、语言学习能力，以及很多其他的亲社会行为。我们还知道婴儿在出生时就存在个性差异，其中一些差异会影响到他们未来的人格发展。一些孩子生来就比其他孩子更好动；一些孩子害羞一些，其他孩子则善于交际；还有些孩子天生就有不同寻常的身体运动能力，这让他更适合在运动或音乐领域发展。随着我们对大脑、行为和遗传的研究越来越多，我们一定可以找出更多可以归因于生物遗传的天生倾向。

当然，我确信，我们永远也无法从中找到关于“目标”的基因。为了找到目标，孩子们必须审视周围的世界，并决定他们可以在何处以及用什么方式贡献自己的力量。他们必须对自己有深刻的了解，知道自己的天赋和兴趣与现实世界所提供的哪些工作相匹配。这也就意味着他们必须要对自我，以及他们所成长的环境（可能与他们父母的成长环境不同）有深刻的理解。他们必须树立长期的目标，让世界改变不同，还必须要学会制订现实的计划来达成目标。所有这些都是创造性的工作，靠的是孩子们对自我倾向的觉察（如果先天五音不全，可能就不会梦想成为歌剧演员），而这只是寻找目标的开始。接下来更核心的部分在于评估，评估自己内心深处的信仰和渴望可以如何跟他们觉察到的世界的需求相匹配。为了作出这个决定，每个孩子都必须观察、尝试，并思考他所看到的事物背后的意义。大多数人都会觉得这是件很难的事情，但每个孩子都是可以做到的。这也正是父母可以参与进来的地方。

我所主张的关于培养孩子目标感的根本方法就是这一核心准则：我们对年轻人做的每件事都是重要的。尽管没有办法去预测（或掌控）我们什么时候说的或做的能被他们理解，但孩子们都是敏锐的倾听者和观察者，他们迟早会接收到。再有就是，无论我们没有说什么，或是选择不说什么，这些也很重要，同样是以我们可能始终无法直接控制、预测或觉察的方式。

举个例子，我相信很多人都能回忆起自己年轻时曾听到的那些建议，并且印象持久。在我读高一时，一个叫约翰·豪威尔（John Hawes）的脾气暴躁的老教师因我完成的作业太马虎，且只完成了一半（由于自己的懒惰造成的），狠狠地训斥了我一顿。我当时的借口是：我并没有意识到这个作业这么“重要”。豪威尔先生非常严肃地凝视着我，并说道：“戴蒙先生，你在这个世界上做的每件事情都是重要的。”

我并不是说豪威尔先生说的话立即使我的生活发生了转变，或者在当时就给了我很深刻的启示。但“每件事情都是重要的”这个说法确实让我有所领悟，后来通过这些年我接触到的其他一些格言，以及我个人的一些经历和观察，更加强化了我对这句话的理解。这位老师当时跟我讲的话让我对生活有了不同的思考，并且像是一种“黄金准则”，对我的影响一直延续到几十年后的今天。

我已经数不清多少次听到父母抱怨孩子不听话，或者表达他们对孩子作出的选择能否施加影响缺乏信心。每当听到这些话，我都会说，我很乐意跟你打个赌，孩子最终会在价值观和行为方式上反映出你对他的影响，尽管我不能确切说出在什么时间或以怎样的方式呈现。虽然没人跟我打这个赌（可能是因为没办法具体描述，显得赢面不大），但看上去还是无法让父母们对他们所能施加的潜在养育影响感到安心。

父母在影响孩子方面缺乏自信，我认为其中一个原因是，我们总是太快地想要看到结果。而父母的影响需要很长时间才能发挥作用，可能在孩子长大离开家后才能明确表现出来。父母带给孩子的影响往往是“深”而非“广”：孩子会在所有事情上作出自己的决定，从发型选择到政治倾向，但从长远来看，他们作出的选择往往能够反映出他们在跟父母互动过程中所获得的基本价值观。

鉴于此，对于父母来说，需要认识到的一个最重要的事情是，他们不要试图为孩子直接创建一个人生目标。父母无法帮助孩子完成识别目标的任务，也无法选择孩子的个性，为他编写人生剧本。但父母能给孩子提供很多选择，可以引导孩子思考这些选择中个人和社会的价值，以及如何制订切实的计划追逐这些目标。

当孩子作出选择后，父母可提供的支持可以说是无穷尽的。

一个重要的附加条件是，若父母确信孩子的选择已经被错误引导到会伤害自己或他人的道路上，就必须拒绝给予支持。不要让孩子走上伤害之路，这也是十分重要的。

关于养育孩子这一艰难任务大概的要点，大家心里已经有底了，那么更具体来说，父母在培养孩子发现人生目标感上，如何才能做到最有成效？

从认真倾听中寻找火花，然后借此点燃孩子的激情

明尼苏达州的“搜索组织”（美国最早的青少年发展社区建设组织）的主席彼得·班森（Peter Benson）曾令人信服地说道，无论孩子们在谈论日常生活时显得多么无动于衷，但其实，每个孩子都有一个兴趣的“火花”隐藏在其中。没有什么角色比父母

更适合鼓励孩子明确地表达出这一兴趣，并为此展开一些行动。

父母要比其他人更了解自己的孩子，但即便如此，他们对于孩子通常是深藏在心中的梦想、志向和高期望的了解也不是太多。在谈到未来的计划时，父母们总会习惯性地讲个不停。为了看清楚孩子内心深处的渴望，父母需要学习沟通的艺术，学会问一些恰当的问题，并耐心倾听孩子的回答。

关于目标，我们的调研用到的访谈表（在本书的附录中）里面有很多的好问题，完全可以唤起孩子对下面这些问题的思考。如，你生活中最重要的事情是什么？为什么你如此在乎这些事情？你有什么长期目标吗？为什么这些目标对你来说很重要？过上好生活对你意味着什么？做一个好人又意味着什么？如果有一天回顾你的人生，你希望自己如何被他人记住？这些问题也许很平常，但在父母和孩子的对话中却很少被问到。

围绕这些问题开展的对话，会触发孩子内心的思考，让他产生一些有目标感的想法和行动。这种对话也会为父母打开一扇窗，让他们看到孩子内心隐秘的愿望和梦想，在如何给孩子提供正确的支持上，给父母提供丰富的洞见。

在这些洞见中，非常重要的一点是，要对孩子当下处在寻求目标的何种阶段有更好的理解。回想一下在第3章中我对年轻人群体的分类描述：疏离者、空想者、浅尝辄止者和目标明确者。仔细倾听孩子对上述这些问题的回答，可以很好地揭示孩子当前的取向。这个孩子没有目标感，除了随机偶然的冲动，没有任何持久的目标或计划？还是这个孩子已经在尝试一些有潜在目标感的活动，但还没能领会这些活动背后的意义，还没有找到好的理由投身其中？又或者孩子只是在憧憬着宏伟的目标，但没有采取切实的行动去实现这些目标？又或者孩子已经具有目标感，有了一个清晰的目标，这个目标所体现的终极关切是孩子认为值得为之奋斗的？

搞清楚孩子当前所处的阶段，还有多远的路要走，是我们搞清楚自己该如何提供帮助的第一步。利用跟孩子对话的机会是很重要的，帮助孩子表达出自己的兴趣，让他体会并认识到该如何追寻这一兴趣。通常，这样的对话机会在让人意想不到的时候出现。专注倾听是至关重要的。

那么有效的亲子对话是什么样子的呢？父母如何能够让孩子打开心扉？这里有一个例子，这只是诸多可能场景中的一种，是关于一个父母如何跟在学校度过了平淡的一天，显得极不耐烦的女儿沟通目标这件事的。这个例子是我从他们真实对话的录音中摘出来的。

母亲：今天在学校过得怎样？

孩子：说不上来，就那样吧。

母亲：就没有什么有趣的事情吗？

孩子：真的没有。

母亲：听上去好像你觉得在学校里待着是浪费时间？

孩子：也还好，我觉得还是学了些东西。

母亲：你学的哪些东西在你看来是重要的？

孩子：生物是很重要的。

母亲：为什么生物很重要？

孩子：我们上周看了一个关于动物和环境污染的电影。

母亲：动物和环境污染？

孩子：对，很多动物都因环境污染而濒临死亡，还有一些人因此得病，但一些工厂仍在往水里排污。

母亲：哦，我了解了。你对此有很多思考吗？

孩子：嗯，算是有吧。

母亲：为什么这件事在你看来很重要？

孩子：你知道我从小就一直喜欢动物。当我们养了查理（一只宠物）后，我就开始关心小动物了。

母亲：当然，我知道的。那有没有什么是你觉得可能有兴趣了解更多的？

孩子：你是说动物吗？

母亲：嗯，比如它们是如何受污染影响的，也许能在这方面做点儿什么。

孩子：我也想在这上面做点什么。

母亲：想做点什么呢？有没有什么想法？

孩子：我听说在阿拉斯加有一个环境治理计划，救了那里所有的狼群，那听上去很棒。

母亲：如果你对这件事情有持续的兴趣，你可以通过很多方式开展进一步的学习和了解，甚至将来可以找一个这方面的工作。

孩子：我估计这需要学习很多科学知识。

母亲：可能是需要的。你的数学和科学一直都学得不错。

孩子：还可以吧。我知道现在很多工作都需要用到数学和科学。

母亲：有一个专业叫环境科学，你上大学时可以学这个。

孩子：是的，我已经开始对做一些跟环境相关的事情感兴趣了，或许动物医学方面的工作也可以。

母亲：这些职业方向都不错，他们现在也需要很多优秀人才的加入。

孩子：这也是我在选择大学时要仔细了解的，看看这些领域有哪些事情可以做。

母亲：听上去你将来都会跟动物做朋友了，不管从事哪个领域。

孩子：嗯，我想将来要么照顾那些已经生病的动物，要么在源头上预防他们生病。

母亲：有道理。如果你愿意的话，就记住这一点，或许你可以申请一份暑期工作，看看做这类事情的真实情况是什么样的。

孩子：好的，我会问一下亨利先生（科学课老师）。

母亲：嗯，我们也会帮你问问身边的人。

在这段对话当中，这位母亲变成了苏格拉底式的教练，引出了孩子的兴趣，并帮助她把已经迸发出想象火花的各种问题联系了起来。当父母以这种方式激励孩子思考她在学校里发现的有趣的事情时，就帮助她察觉到了可能发展为持久关注的潜在火花。父母在这个时候应该为孩子提供一些信息，以帮助她把这一关注点转变为更加正式的承诺，甚至可能是职业发展路径（如果孩子也是如此选择的话）。这段对话当中很重要的一个方面是，母亲在基于孩子自己的兴趣和天赋引导她对各种可能性进行探索时，所采取的温和的对话方式。在谈话的始末，这个孩子做了重要的说明，展现出她脑海中对这一主题的深入思考；在开始时，“生物是很重要的”；在结束时，“嗯，我想将来要么照料那些已经生病的动物，要么在源头上预防它们生病”。父母并没有告诉孩子要思考什么，而是引导孩子去思考、追寻她所表达出根本兴趣的一些可能做法。

当然，年轻人表达他们兴趣的方式并不总是容易被父母理解。一开始表达目标时所发出的声音通常是试探性的、微弱的，年轻人可能还没有完全领悟到他正在发展一个兴趣，这个兴趣可能会逐步进化为一个目标的源泉。因为不确定父母会有怎样的反应，年轻人通常会非常谨慎地表达他们的兴趣。要接收到这些早期关于目标的信号，会是一个挑战，在这一过程中可能会有挫败感以及方法用错了的感觉。

每位父母在一开始应该有的意识是，目标最初的萌芽，有点像我们在院子里撒下的草种：其中一些会抽芽生长，但我们完全不知道会是哪些。幸运的是，只需要很小部分种子慢慢生长，就能长出一片繁茂草坪。应用到对年轻人目标的培养上：对于所有年轻人带回家的新想法，父母都应该带着兴致倾听，并和子女一起想象、探索有什么样的可能性去发展这些想法。

在孩子考虑一些新想法时，父母们并不总是习惯于做一个好的听众，我们习惯对任何主题都发表自己的观点（无论孩子是否在征求建议），而且往往我们准备给出的建议，是建立在自己的经验之上的。认真倾听孩子，投入到真诚的双向沟通（或者三方谈话，如果父亲和母亲都参与）中，是比说教更难的，但从好的一方面说，我认为很多父母并不喜欢一直不停地说教。

利用生活中的时机展开对话

在重要问题上，我们有多少次问过年轻人的意见？例如，当我们和他们一起看电视的时候，我们有多少次问过他们对新闻报道的看法，或是对一部电影或是让人感到不安的剧情的看法？征求他们的意见是帮助我们养成倾听的习惯的好方式。在孩子刚开始发现可能目标的时候，养成倾听习惯能够帮助父母做好准备以捕捉这些目标所发出的微弱信号。

父母最好能够仔细观察，不漏掉任何闪现的“微光”，但是并不需要父母就端坐在那里，等待孩子把闪闪发光的新想法带回家的时刻。他们可以利用日常家庭生活的时机，引发关于目标的对话。生日会、节日，以及过渡期（如新学年伊始，或父母变换工作时），都可以为探讨日常活动背后更深层的意义提供丰富的素材。

再次强调，为了取得更好的效果，父母应该确保这些对话是双向或三方（甚至是多方）的，而不仅仅是简单的由大人主导的冗长“独白”。在这些对话中，父母必须学会做一个好的倾听者，此外，还要是一个好的访谈者，激励孩子详细说明个人观点，频繁地问“为什么”，并且鼓励孩子对于他们发现值得关注和有兴趣的事情去做更深入的思考。当我们唤起孩子对于他们发现有意义事情的萌芽想法时，我们就能够更好地听到他们关于目标的呢喃之语。通过这种方式，就为我们进一步探索提供了培育环境。我们可以在他们的地盘上，他们培养兴趣的学校或其他地方，也可以在我们成年人的地盘上，比如在家庭晚餐、短途旅行以及假期聚会的时候，展开这样的对话。

在美国传统节日里，感恩节是特别有潜在可能性来做这件事的时机。但遗憾的是，这种潜在可能性被极大地浪费了，我们经常借这个假日大吃大喝，然后在喝得微醺的状态下一起观看电视体育节目。感恩节是家人和朋友聚在一起，表达感激的固定时机。在众多宝贵的心理学功能中，感恩是通往目标的一扇窗，因为它帮助我们识别出生命中特别重要的东西。当我们在表达感恩的时候，也增进了自己对人生中最有价值的东西的觉察，然后跟身边的其他人沟通这一觉察。借由感恩，不仅让我们对自己享有的福气有更多感激，并且还会渴望把这份福气传给其他人——目标的核心与灵魂。因为感恩节是一个全国性的世俗节日，除了一些紧急待命的工作者（本身有着崇高的目标）之外，所有人都可以自由地跟家人和朋友相聚，认真思索感恩、意义和目标的本质。对于一个年轻人的性格发展而言，很难想象有比感恩节更理想的教育时机。

然而，让人不可思议的是，想要把感恩节的家庭日转变为这种反思的时机，难度是极大的。我之前写过这方面的东西，当我出去做演讲的时候，经常会对此抱怨，所以在这里就不再详述了。但我还是要说，根据过往的记录，我看到过很多父母用心良苦、精心准备，企图让他们的孩子明确地表达感激，却因孩子饿得不耐烦而告吹了，父母想要通过满足他们的食欲让他们快速安静下来（相信我，他们一直都是被家里养得很好的孩子，为了表达感激，需要他们推迟晚餐时间，丝毫不会造成营养不良）。

幸好，还是有方法可以挽救这种情况，逆着过分骄纵的文化潮流而上的。这就是需要发挥父母创造力的时候了。在几年前，我参加过一次感恩节的晚餐聚会，这位母亲因之前想要跟孩子探讨感恩的话题未能成功而备感沮丧，接着，她要求她的孩子们和客人们写有关感恩的“俳句”（日本古典短诗）。这个要求很有趣，但也很难，写俳句只能由 17 个字音组成。事实证明，这位母亲的灵光乍现效果很棒。很多父母可能会担心他们的孩子不会理会这些问题（没错，通常他们是不予理会的），但是可以逐步借机来开展对话，经过一段时间之后，越来越多宝贵的洞见就会被搜集起来，而且孩子也会学到有价值的内容。

以开放的心态看待孩子兴趣的火花并给予支持

当孩子追寻的目标在父母看来有些难以理解时，拥抱孩子的兴趣，可能会让人感觉有些吃力。在一个案例中，我曾经看到过父母两个人都是非常有名的科学家，而他们的女儿却决定要成为一名时装设计师。应该说，除非破坏性或反社会的目标，否则父母支持孩子自己的选择才是明智的，并且还要表达出对孩子想要尝试做的事情的信心。这不仅能提升孩子在这一特定努力上成功的可能，而且从长远来看，还能够传递出一种乐观、积极进取的心态。

一个我认识多年的家庭，花了一个月待在农场，跟家畜一起生活。他们家里有个 11 岁的女孩，名叫海瑟，照顾着农场里的动物。有一天，海瑟作出了一个让人吃惊的关联性思考：无论是汉堡，还是羊排，这些肉都是从和她所照料的这些动物相类似的动物身上来的。海瑟对素食主义产生了浓厚的兴趣，先是学习了一些理论知识，很快就开展了实践。她寻找并阅读了手边能找到的所有关于“如何以及为什么不要食用肉食和海鲜”

的资料，然后就严格地坚持在家里和学校里食素。

起初，海瑟的父母（坚定的肉食主义者）并不认为专门给海瑟准备特别的食物是件很有趣的事情，但是他们被她的决心打动了，对于她自学了那么多营养学知识感到吃惊不已。于是他们鼓励海瑟到图书馆去了解素食主义者的饮食习惯，并且详细询问她有什么发现。几年的时间里，他们忍受着海瑟的饮食选择，只是坚持她的饮食计划必须要能够提供足够的蛋白质和其他营养元素，以供得上她青春期成长的需要。海瑟把她的兴趣拓展到了学业上，她研究了生物的营养吸收过程，并就此课题展开了科学研究项目，还在社会研究课程里写了关于文化饮食习惯的论文。这一兴趣，为她在大学里选择生物学专业铺平了道路。后来她拿到了公共健康的硕士学位，在环境医学领域走上了富有前景的职业道路。在这条道路上的某一时刻，海瑟放下了对素食主义的坚持(她现在的原则变为只是拒绝吃红肉)，但对于健康的饮食习惯、环境可持续的食物生产，以及善待动物的热情，依然让他每天充满激情地投入到工作中，并为生活和她所选择的工作带来意义和动力。

海瑟的父母可能从没有预想过她早期对于素食主义的兴趣会将她带向何处。但他们确实认识到正在发生一些值得关注的事情：对于我们如何在这个世界上生活的好奇心，对科学和哲学所迸发的兴趣的火花，对于她自身之外让她感到不安的事情所涌现的关注。海瑟对发现新事物的专注投入以及迅速增长的知识引发了他们的好奇心，他们明智地选择了鼓励这些行为，哪怕她探索的领域根本不在他们的关注范围之内，或者他们对此完全不熟悉。事实证明，素食主义并没有成为海瑟最终的人生目标，它只是早期小草的萌芽，生命有限。但是它为生命力更加顽强的一簇小芽的生长奠定了基础，继承了它很多优良的品质。如今，海瑟已经成为一位有着清晰方向感并专注于事业的年轻女性，是她的目标（成为一名营养学家和环境医学专业人士）塑造了今天的她。

当出现一些特别的机会，可以自然地从孩子的行为中引导出目标时，父母们要立即抓住这些机会，表现出开放的态度，尽一切可能给予支持（当然，不要过于强求）。应当给予孩子自由的空间，让他的兴趣自然发展，哪怕兴趣会越来越弱并最终消失。父母永远都不知道哪些草种会深深扎下根来。

告诉孩子你从工作中获得的目标感和意义

父母应该跟孩子分享自己的目标和目标感，遗憾的是，他们极少会这样做。在一天辛苦工作之后，人们可能会很自然地抱怨自己的工作，而不是去谈论他发现这份工作中有意义的部分。其实，在家庭中经常谈论父母在工作中的最高目标，对父母来说是有益健康的，对孩子来说是有指导意义的。这应该成为父母跟孩子每一次谈论关于工作和职业话题时的一个黄金准则。

大多数父母都能从他们的工作中（至少是某些方面）找到目标，如果父母没有在外工作，也可以在家庭责任中找到。在美国，绝大多数参加工作的人都认为他们的工作从某种程度上来说是有意义的——可能因为帮助了他人，可能因为对社会有所贡献，可能因为工作是他们展示自我和个人成长的方式，还有可能是因为能够赚钱养家。对于多数人来说，工作都是获得自豪感和目标感的来源。但是父母又有多少次跟孩子们沟通过这种自豪感和目标感？虽然我不知道有任何关于这一问题的正式实证研究，但就我自己的观察来推测，答案几乎是没有。反而是孩子经常会听到一些抱怨：工作又出了什么状况，或是假期即将来临时的那种高兴和放松。

现在工作本身的复杂性，使得它的意义对孩子来说更加模糊不清，他们只能从表面上看到父母的一些行为。正如专栏作家贾里德·桑德伯格(Jared Sandberg)最近在《华尔街日报》(*The Wall Street Journal*）所指出的，现在的职场人士更多地把时间花在了打电话或敲电脑上，而不是去做一些能够让孩子欣赏的具体事务。留给孩子的印象就是，父母的工作唯一有价值的地方就是带回家的那份薪水。桑德伯格引用著名的家庭研究学者史蒂芬妮·孔茨（Stephanie Coontz）的话，“富裕阶层和中产阶级家庭的父母所面对的一个问题是，跟孩子解释他们所做的事情的价值所在，而不是传递一种权利感”。如果孩子只是看到工作的物质报酬，他们就无法理解工作是如何服务于重要的社会需求，并满足于我们个人的目标感的。对工作更深层意义的模糊不清，会滋生孩子的冷漠和愤世嫉俗。对于工作对社会和个人的重要性缺乏积极的了解，孩子获得的认知就是：工作仅仅是令人不快而又不可避免的一种负担。就像自然界一样，人的心理不存在真空。

或许父母会觉得在孩子面前谈论他们工作的崇高目标会显得有点儿傻，可能他们觉得很难跟对复杂社会组织没什么了解的孩子们解释他们每天在做什么，以及为什么要做这些。

但是为了自己的孩子考虑（正如积极心理学运动教给我们的，也是为了父母自己），父母还是应该费些心思去跟孩子谈论他们工作的价值的。听父母解释他们每天努力工作的重要性，会给孩子带来鼓舞和激励，同时也会让他们受到教益：他们没想到自己的父母真的会因对这个世界作出贡献而感到骄傲。孩子们甚至可能没有认识到他们自己的健康成长对于父母来说是满足感的源泉，从非常现实的角度来说，这是家庭主妇工作的重心。如果想要让孩子尽可能深入地理解这种自豪感，就必须用生动的细节进行表达和探讨。这就需要父母敞开心扉，表达自己对人生目标的真实感受。能够向孩子吐露这些心声的父母，也会成为孩子心中令人钦佩的榜样。

传授生活中的实践智慧

在我们的研究中，高目标感的年轻人都展现出一种“务实的理想主义”意识，也就是说，当现实确实无法实现抱负的时候，他们知道如何接受（希望只是暂时的）可能性上的局限。

如此的早慧并非完全是天生的。在一开始追寻目标的过程中，通常是比较笨拙的，年轻人可以从试错中学到一些智慧，但也需要父母和导师给他们提供一些关于这个世界是如何运转的重要信息。若没有经验丰富和学识渊博的成年人在身边给予大量指导，年轻人是无法掌握文化知识这座巨大宝库的，也无法对错综复杂的社会运行机制有全然了解。孩子在学校里面学到的东西很少触及真实世界，如果他们想要把梦想转变为实际行动，这些实践性的知识就是他们所需要的。

父母必须告诉孩子他们所了解的在现实世界达成目标的方法，尤其是在工作领域。

教给孩子处世的信息以及实践中的具体做法是很有必要的。因为子女对父母有着独一无二的爱和尊敬，父母所处的位置，是孩子获得这方面信息唯一且最宝贵的来源。有没有在这一方面作出努力，对于孩子是否能够实现他们追求的目标来说，会产生截然不同的影响。值得注意的是，很多成功人士说，他们是在餐桌的对话中学到很多关于职业发展的来龙去脉的。在诸如肯尼迪家族这样强大政治王朝的传记中，有非常多的关于富有处世经验的父母和涉世未深但渴望学习的年轻人在餐桌上展开深入讨论的故事。最近，作家兼媒体人本·斯坦(Ben Stein)说他一生都欠知识渊博的父母人情债：“我写的是关于经济和财政的专栏，我是怎么一点点了解到相关信息的呢？因为我的父亲是一位知识渊博的经济学家，他经常跟我的母亲一起在饭桌上谈论相关话题……”

斯坦还提到了“关键的社会信息”的重要性。通过教给孩子恰当的行为方式，掌握找到工作或学习机会的方法，以及介绍他们认识能帮助他们开启人生的人，来帮助孩子获得指导等，都是父母职责的核心部分。父母还应教会孩子将他们的理想抱负付诸实践。当然，并不是所有的父母都有充分的知识或经验能如此教导孩子。用一种心酸的口吻，斯坦问道：“假如你没有一个社交广泛的父亲或母亲，该怎么办？假如你根本没有父亲，该怎么办？假如你是移民，没有任何社会关系，又该怎么办？”

这是关乎我们社会未来的一个极具道德重要性的问题。最终，我们作为父母面临的挑战是，确保我们的孩子获得实现他们最高目标所需的社会知识；而我们作为公民要面临的挑战是，能让社会中所有的孩子，无论他们的养育状况如何，都可以接触到实现梦想所需的社会知识和实践技能。在最后一章，我还会对这一主题进行论述。

介绍孩子认识生活中的导师

父母可以介绍孩子认识其他成年人，他们也许会触发孩子兴趣的火花。我们的研究表明，有目标的年轻人经常会向家庭之外的人寻求建议和启发，以帮助他们找到自己的人生目标。父母应该积极让孩子认识一些能够激发他们的人，并且尽己所能支持孩子的使命。

父母之外的导师，在年轻人发展方面的价值在过去 50 年间已经得到很好的证实。事实上，“导师”的概念现如今已经被大众广泛认知和接受，就像 20 世纪 70 年代初那样普及，这让人感到有些诧异。现在的一些成功的生活指导项目如“大哥哥/大姐姐”（Big Brother/Big Sister）每年会覆盖成千上万个孩子。这些项目很自然地会倾向于关注那些没有任何家庭背景优势的贫困儿童。这是应该的：这些孩子应该得到我们能给予的所有机会，生活指导是一种强有力的方式，可以为“任何孩子”提供所需的支持和引导。我之所以强调“任何孩子”，意思是说，生活辅导也同样能为那些幸运拥有完整家庭环境的孩子带来好处。我们的研究面对的几乎每个拥有高目标感的年轻人，都有家庭之外的导师，我相信这绝非偶然。这些导师在年轻人的目标追寻上有非常重要的影响。导师帮助他们发现、定义他们要追寻的东西，并以多种方式追逐他们的目标。在这个过程当中，年轻人获得了依靠自己的力量成功发现、定义和追寻有目标感的使命的能力。只要有可能，父母都要尽力去介绍孩子认识一些能够以如此方式指导他们的人。

鼓励创业精神

高目标感的年轻人都有一个根本特征，就是在追寻目标过程中所展现出的创业精神。对于我在第 4 章中介绍的那些具有高目标感的年轻人来说，相比诸如学业成绩这些我们通常衡量成功的标准而言，创业精神是他们身上所具有的更为明显的共同特征。尽管这些年轻人通常在学校里面的表现也很不错，有个别还是毕业演说的学生代表或成绩全 A 的学生，但实际上他们所有人都是一流的创业者。就预想在未来生活中取得成功而言，我会把赌注全压在“具备很强的创业能力”这一项上。

培养创业精神，意味着要鼓励以下态度和倾向：

(1) 设定清晰的目标，并据此制订切实可行的计划的能力；

(2) 乐观和积极进取的心态；

(3) 在面对困难和阻碍时能坚持；

(4) 能够承受，甚至是渴望风险；

(5) 遭遇失败时的恢复能力；

(6) 取得明确结果的决心；

(7) 在策划实现这些结果方法上显得足智多谋，且富有创意。

创业精神不是一个单一的特点，更像是一组性格特征的集合，可以用来应对挑战性任务。当把这些创业态度和倾向综合运用时，就能创造出非常有效的新方法，用以解决那些长久以来无法解决的问题。这就是为什么那些投身于远大目标的年轻人如此倚重创业方式的原因。

父母可以通过鼓励孩子勇于承担挑战和适度冒一些风险来帮助他们发展创业能力。当“你能做到！”这四个字被频繁喊出来时，实际上就像是父母的一种准则，所传递出的关键信息对子女应对困难任务大有裨益。无论是采用这种方式还是其他的方式，父母的这种激励都是非常好的塑造品格的练习。寻求挑战、克服胆怯都是在少年时期可以养成的习惯。当孩子学会在挑战中成长，而不是回避这些挑战时，他们就会非常清楚地知道，什么是他们可能实现的。

“创业精神”这个词最常被用于商业领域，但我所谈到的“创业精神”，是指一种总体的生活取向，它可以促使人们获得包括从慈善到商业领域的各种成就。实际上，“社会性创业”这个词就是指“运用创业方法解决社会问题”。在第 4 章中介绍的很多具有高目标感的年轻人都通过这类方式展现出了他们的创业精神。

当然，孩子们也可通过参加一些富有创业精神的商业活动，学到很多对人生有益的东西。关于年轻人从创办小规模企业所获得的益处，我在这里就无须赘言了：早前著名的“柠檬水小摊”（Lemonade Stand）在美国传奇史上拥有当之无愧的一席之地。商业成功史上有众多的故事，这些人早在他们童年或青春期时就开始提供社区割草服务、安排送报纸或是售卖“女童军”饼干。以积极、勤奋的方式进行这种早期的商业尝试，会是一种建设性的体验，年轻人可借此播下创业性格及实践经验的种子。父母应该鼓励这些活动，同样重要的是，还应该鼓励孩子用上文所描述的这些“创业精神”和“积极态度”去参与这些活动。

最近，在我们的领域里，出现了一种有益的发展趋势，就是“创业教育”运动的兴起，目标对象是很多高风险的年轻人。例如，年仅 11 岁的孩子，很多来自贫困家庭，他们通过“创业教育”学习到如何寻找商业机会、如何开拓市场、如何开展促销、如何做预算，以及如何制订未来发展规划。从美国公共电视网播放的纪录片《这些孩子是认真的》（*These Kids Mean Business*）来看，这些实践项目也“重新唤起了他们对学校课程（特别是数学、阅读和写作）的兴趣”。基于这一原则，以及一些其他的原因，纪录片的导演扎克·里希特认为，创业教育尤其适合家庭贫困的孩子："他们在精神上变得更加强大，他们开始展现出主动性……他们不再害怕拒绝，他们变得能够从容应对风险、不确定性和压力。"他还以自身为例指出，早期的商业体验对于不同家庭背景的孩子来说都是有益的：

在小的时候，我用几块木板、一个婴儿车、一个冰饮机和一个酒精炉搭建了一个热狗摊。我没有加入当地的少年棒球联合会，而是卖热狗、汽水和爆米花给他们。我的父亲教给我怎么保持好的盈利：收入和支出、收益和亏损。我是一个创业者，尽管当时我并不知道这一点。

遗憾的是，且不论关于早期商业经验种种好处的众多历史悠久的证据，也不说近期萌发的创业教育运动的成功，"为了赚钱而工作"已变成青年发展领域中颇有争议的一个问题。考虑到这一行为会侵占年轻人的学习时间，很多专家联合起来表示反对。的确，一些糟糕的情况开始出现了：年轻人频繁地逃课，不完成家庭作业，为了赚更多的零花钱而牺牲自己的睡眠时间。这些恶习当然是父母需要制止的。但是适量的兼职工作也是有益的，并且会让人精神振奋。工作能够教给年轻人卓有成效的技能和态度，并且能够让他们肯定自己对他人的价值。

当一个人能获得这类指导时，即使是从事会招来嘲笑的快餐工作，也是有益的。回想一下第 2 章中那位引导和劝说手下年轻员工的快餐店经理，他告诉这些年轻员工，无论客人多么暴躁，“你的工作就是要让顾客脸上挂上笑容”。

培养积极的人生观

和培养孩子的创业精神密切相关的，是鼓励他们的乐观态度。在第 4 章中，我们看到高目标感的年轻人是如何乐观、自信地面对生活的。这些态度上的优势对他们来说是很有用的。乐观和自信能够使他们敢于应对那些让其他人感到绝望而却步或觉得根本不可能实现的挑战，在事情发展不顺利的时候，也使他们不至于感到沮丧。在我之前提到的案例中，其中很多年轻人在找到人生目标之前，可能就已经具备了一些乐观主义倾向：“可能是受基因影响，他们倾向于用一种欢悦鼓舞的态度看待生活。”但是从长远来看，基因的影响可能会被后天的经历所强化，也可能会被经历所消磨。在人生的早期阶段，父母是孩子经历最重要的塑造者。

关于如何培养孩子的乐观和自信，心理学家已经给出了一些有效的建议，也有不少关于培养孩子情绪力的书籍可供父母参阅。一般情况下，建议父母帮助孩子抱着希望去看待他的经历，竭力避免孩子有悲观的“灾难性思考”，即一旦事情开始变糟，就开始往最坏的结果上做打算。要尽量向孩子指出事情可能的转机，特别是我们能多大程度掌控将事情转危为安。当问题确实出现的时候，父母必须很小心谨慎地向孩子进行解释，避免悲观、恐慌或责备。他们应该帮助孩子认识到，问题是生活中不可避免的部分，无须为此感到灰心失望。事实上，解决问题可以带来极大的快乐。需要传递给孩子的一个重要讯息是，出现问题并不代表着孩子做错了什么、是个坏孩子，或者很倒霉，或者注定要失败。

要想传递积极的态度给孩子，父母就应该经常性地表达出这样的态度。我有一个朋友，有一天她忽然意识到，在家里（以及其他地方），感叹“我真倒霉！”是她对糟糕事情的标准回应。为什么会这样呢？她在思考，是家里运气很好的人暗示他们的运气总是很糟？关于不好的事情发生在他们身上的概率，又会传递给她的孩子怎样的讯息呢？随即，我的朋友养成了一个习惯（我认为这非常聪明），专门纠正家里那些有着标准的悲观表达方式的人，而且，每当好事降临她家的时候，她还会特意地说上一句“这是我们的运气！”这是她所迈出的一小步，但却可能产生完全不同的结果。

我们在孩子面前所说的每一句话、做的每一件事，孩子都会注意到。孩子的个性特征，正是通过与他们身边最亲近的人每时每刻的沟通和互动所塑造的。即使是像“经常性表达出积极的人生观”这样简单的事情，只要去做，都可以带来改变。

让孩子逐渐从责任中获得一种力量感

父母应该教给孩子一个基本原则：“你在这个世界上做的每件事情都是重要的。”这种重要意义并不只是因为父母在乎这些事情（传达出这一信息也很重要），从更大的层面来说，是因为其行为无论好坏，都会产生重要结果。从出生开始，所有的孩子就让身边人的生活有明显不同。每当有机会出现时，父母都应该向孩子明确指出这一点。这样的时机会在生活中自然出现。举个例子，如果孩子在花园里帮忙播种，在花开的时候，一定要记得对孩子表示感谢，是因为他做的贡献，花才得以盛开。再比如，你带着孩子把一份礼物送给街坊的一位老人，一定要向孩子指出：对老人来说，看到孩子关心他是多么重要。

关键原则就是要用好这些时机，它们会在对话以及诸如安排家务活、准备晚餐、送礼物等这些普通家庭活动中自然出现。每个时机都很重要。恰当地利用这一处或那一处的时机，就足以把信息传递给孩子。这也是唯一可行的方法：说教只会让孩子故意装作听不见（或翻白眼）。如果父母运用得当的话，所有这些偶然的时机，在经年累月之后就会呈现出效果。

向孩子传达力量感（感到他们是有能力的，是在做着贡献的）的另外一种方式是，让孩子很清楚地知道：你认为他们是有吸引力的，并且有能力的。尽管大多数父母都视孩子为掌上明珠，但在日常互动中却不会经常表达我们对他们的信心。在很多情况下，父母会阻挠孩子承担能检测其潜能的挑战，他们过度地保护孩子，不让孩子接触任何真正的风险。就拿向孩子传递我们的态度（相信他们对事情的看法是很重要的）来说，正如我前面提到的，父母极少花时间征求孩子在重要问题上的看法。父母们也不会经常跟孩子谈论他们的志向、想法或担忧，这通常是因为他们想让孩子的生活尽可能无忧无虑。具有讽刺意味的是，这种刻意的忽视，是发展于20世纪至今仍流行的过度“以孩子为中心”教育思潮所带来的副产品。极端一点来看，这种养育方式是把孩子当婴儿来看待，前提假设是孩子自己能做的事情非常有限，需要父母持续的保护，才能使他的童年不受伤害。

最近几年，让年轻人承担真正的责任（比如期望他们经常帮忙做些家务活）这种教育方式已经不怎么常见，逐渐退出历史舞台了。关于家务的强制性任务已经不流行了，取而代之的是，年轻人被赋予了更多的自由，可以把时间花在学业、足球比赛、钢琴课，以及越来越忙乱的个人和社交活动安排上。生活的富裕让我们能减轻年轻人的家务负担，从某种角度来说确实是有益的，把日程塞满各种活动对他们的学习和成长来说当然也是有益的，但一些东西被忽视了。

年轻人不再觉得自己在为家里做着必需的贡献，感觉不到家里的其他人在依赖着他们，也不认为如果他们没能担起责任会让他人失望，对必须完成任务中未完成的部分也不会在意。由于缺乏承担家庭责任，本该通过责任练就的品格优势没有了，除此之外，还无法培养一种意识——“所做的事情是重要的”。

当今的富裕生活不会再回到从前，那时候是需要孩子的付出来维系家庭生活的。但即使是最富有的家庭，如果他们愿意的话，也可以选择给孩子安排一些富有意义的义务活动，这能够教孩子学会承担责任，并且让他们有一种意识：他们做的事情对世界来说是重要的。哪怕是一个小孩子，都是可以做些有帮助的事情的，比如照看宠物或给植物浇水。很重要的一点是，孩子要能够看到他承担责任的结果，或因责任不到位而产生的后果。如果孩子的工作是给植物浇水，就要让他有机会看到，如果他忘了浇水，植物就会死去（“爱护动物协会”请注意，我并没有推荐用这种方法去照看宠物）。为了求得孩子品格的发展，以几株枯死的植物为代价也是可以接受的。

在孩子再大一些之后，培养责任意识的一个非常有效的方式是让他们参加志愿者活动，无论是通过参加“大哥哥／大姐姐”这样的生活辅导项目，还是帮扶孤独老人。父母应该鼓励孩子参加这样的志愿者工作，即使这些工作挤掉了日程表上其他一些更加“以自我为中心”的活动。志愿者工作不仅可以塑造品格，它还是可能发展为人生目标的兴趣火花的很好源泉，并能够教孩子很多他们未来闯世界时需要用到的实践技能，包括让他们有机会接触到潜在的人生导师。

最后，让我们从对年轻人的人生目标感从何而来的大量研究中，总结出我们认为很关键的一组因素。这些准则，希望父母可以利用一切出现的机会（从日常生活的间隙到更为正式的场合）经常地回顾（它们值得反复强调），并铭记在心：

- 从认真倾听中寻找火花，然后借此点燃孩子的激情
- 利用生活中的时机展开对话
- 以开放的心态看待孩子兴趣的火花并给予支持
- 告诉孩子你从工作中获得的目标感和意义
- 传授生活中的实践智慧
- 介绍孩子认识生活中的导师
- 鼓励创业精神
- 培养积极的人生观
- 让孩子逐渐从责任中获得一种力量感

第7章 为年轻人打造有目标感的文化

A Culture of Purpose for All Young People

即使对于养育条件最好的孩子，更广阔的社会才是起决定作用的因素，如果一个社会中有着丰富的高尚信仰和实践，年轻人就会去追求伟大的志向，并对自己能做什么以及能为这个世界做什么有更多的理解。如果是愤世嫉俗盛行的社会，会使年轻人的意志消沉，削弱他们的抱负心，使他们获得有目标感的人生的希望变得渺茫……

培育年轻人目标感的核心之处存在着一对根本矛盾。年轻人必须发现源于自身兴趣和信仰的独特目标。然而，他们的探索也需要借由生活中其他人的指导，他们所发现的目标不可避免地会受到自身所处文化环境中价值观的影响。矛盾在于，目标既是绝对的个人现象，同时又不可避免地是社会现象，它是在内部建构的，却是在跟他人的相互交往过程中显现出来的。它是向内审视，同时向外探索的产物。当目标完全确立的时候，既反映了自我真正的抱负，同时也反映了自我之外的世界的切实需求。

因为这个原因，那些想要帮助年轻人找到目标的大人们，就处在一个比较尴尬的位置。我们不能把一个现成的目标呈现给年轻人，期望这个目标与他们轻松匹配。然而，我们可以做并且应该做的，是指引他们接触一些有启发的想法，以及汇聚各种想法的源泉——人、书、社会文化组织。这些想法和源泉能给年轻人带来启发和激励，使他们找到适合自己的道路。当然，我们也可以为他们创造条件，帮助他们依靠个人努力去构建目标。

正如我们在上一章中所看到的，父母在这一过程中扮演着非常重要的角色，但是不能只依靠他们。即使对于养育条件最好的孩子，更广阔的社会才是起决定作用的因素。或好或坏，我们便捷的大众传媒在持续地传递着社会的主流价值观。有害或堕落的文化环境会削弱父母的影响，而健康和充满活力的文化气候会鼓励父母对孩子的指导。如果一个社会中有着丰富的高尚信仰和实践，年轻人就会去追求伟大的志向，并对自己能做什么以及能为这个世界做什么有更多的理解。如果是愤世嫉俗盛行的社会，会使年轻人的意志消沉，削弱他们的抱负心，使他们获得有目标感的人生的希望变得渺茫。在几十年前托马斯·曼(Thomas Mann)曾观察到这样一个品质低劣的社会，他写道：

一个人不只是作为个体过着自己的生活，同时也是过着他所处这个时代的生活……各种各样的个人目标、结果、希望和前景从他的眼前掠过，在这之中，他可以获得追寻目标、实现志向的动力。现在，如果他的生活、他所处时代的生活的核心都是空乏的，没有什么可以滋养他的梦想，如果他内心里面把这当作没有希望的、老朽的、无意义的……那么，在这种情况下，一定程度的人格不健全是必然会发生的。

回到上一章中本·斯坦所提到的问题：那些没有资源为孩子提供最好的帮助的父母该怎么办？大多数父母努力付出的对象只是自己的孩子，这是正常的，也是可以理解的，但这就把这个缺口留给了更广阔的社会，需要社会有能力为所有年轻人追寻目标创造良好的条件。如果孩子不够幸运，没有能细心照料他的父母，该怎么办？或者孩子根本没有能履行职责的父母，该怎么办？这些孩子需要其他资源的支持。一个良好的社会要能提供这样的支持，因为所有年轻人都应当有机会过上有目标感的生活。此外，如果疏于照管的年轻人没有找到可以投身的积极人生目标，他们可能会去做一些不具有建设性的事情，反过来会让社会不得安宁。一个能够给年轻人带来目标感文化的社会，会成立一些公共组织，一方面提供生活辅导，一方面可以展现有目标人生的积极愿景是怎样的，以及提供追寻这样的人生所需的实践知识。

建设这样一个社会并不需要任何乌托邦式的梦想，也不需要政府命令下的严格管控系统。目标感文化的构建，以及持续地再构建，需要从多维的细节层面入手，需要个人和机构承担起责任，从他们话语、行为、树立的榜样中传递出这些价值观。对于政府，特别是地方政府来说，完全可以通过与这些个人和机构合作，来发挥建设性的作用。但不能是通过自上而下的项目或强制性的立法方式来培养年轻人的目标感。目标感文化是无法被强制培养的。

目标感文化并没有物质上的先决条件。我们知道年轻人对目标的找寻贯穿在各个年代，不论是在好的时代还是坏的时代，在经济富足的时代还是经济萧条的时代。在 20 世纪 30 年代经济大萧条期间，家里人要团结在一起，也需要年轻人施出援手，其中很多年轻人后来都成为极有成效和责任感的公民，为社会作出了极大的贡献。战争、流行病、饥荒，以及各种能够想象到的艰难时刻，事实上都成了那些忍受住这些困难的人们孵化出目标感的温床。我们可以肯定，成功适应这些艰难处境的年轻人，一定能从他们身边的模范人物，以及这些人物所呈现出的更广泛的目标感文化中获得指引和鼓舞。

关于年轻人目标的社区建设

最贴近目标感文化的先决条件，是社区的观念。当父母、老师和孩子身边的其他成年人有一种共同的社区观念时，会使彼此的努力获得强化。

我曾在现实中看到过这样的行动。大概在 10 年前，我参加了很多小镇的会议，致力于为培养年轻人打造最有益的文化氛围。这项工作背后的理论支撑，是在我的一本书《青年宪章：社区如何能够联手提高对所有孩子的标准》（*The Youth Charter : How Communities Can Work Together to Raise Standards for All Our Children*）中写到的观点："当大人呈现给年轻人清晰且一致的高期待时，年轻人会表现得最棒。"当时的与会人员包括父母、老师、当地政府官员、牧师、运动教练以及新闻媒体代表，我观察到大家围绕如何整合镇上的资源促进青少年健康发展的问题展开了激烈的讨论。出乎很多参与讨论的人意外，大家竟然一点都不费劲儿，就达成了关于成年人培养青少年目标标准的共识：被大家广泛认同的目标是孩子应该习得一些优秀的性格品质，如诚实、同情心、尊重、气节，再有就是他们应该发展学业和工作上的能力以及一些重要的生活技能。如果大人能够组成统一战线，一起给下一代传递这些价值观，会是非常有效的，而且这么做的话，还会培养一种社区理念。

在我写《青年宪章》这本书的过程中，我看到社区里总有很多有奉献精神的人伸出援手帮助年轻人，他们会确保城镇有能力为所有年轻人提供积极的活动和生活指导。有时候，会借助新资源——开放计算机方向的图书馆分部，在当地的 FM 频道创办一个年轻人的电台节目；再有就是，加强和协调现有的资源，比如把周日上午的足球联赛做了时间上的调整，这样想要在周日上午去教堂的孩子就不必纠结于两难选择了。

所有这些努力需要镇上的父母们呈现出领导力和极大的个人主动性（我的角色仅限于引导讨论和观察结果）。他们对小镇服务年轻人的能力会产生显著的影响；并且在这一过程中，参与者也会成为年轻人眼中投身公民活动让人备受鼓舞的榜样，这是极有价值的角色。然而，这些努力也是有时间限制的，随着老一代人过了抚养孩子的时间，就需要由新一代的父母和市民补充上来。减轻一些个人的负担也很重要，那些乐于在社区里起先锋带头作用的人应该鼓起勇气，因为已经成立了很多组织，可以提供这方面的指导和支持。

发展社区的积极措施

其中一项运动是由上文提到的彼得·班森所倡导的，他是明尼苏达州明尼阿波利斯市搜索组织的主席。搜索组织和世界各地的社区合作，以帮助他们识别促进年轻人健康发展的“宝藏”。这些“宝藏”既包括关于孩子的内在的（性格品质和能力），也包括社区能够提供的外在资源（家庭、教育、娱乐、信仰等）。班森和他的同事们帮助社区培养他们的领导力，并建立他们自己的项目。

关于搜索组织的工作方法，有两样是我特别喜欢的。首先，不同于常规的一些“品牌”项目凭借的创始人的名誉（以及自负），搜索组织的工作完全地融入了社区中，很快就会让人难寻其踪。我发现这一点，是有一次我的侄女兴高采烈地给我打电话，谈论她在高中一个项目里承担部分重要的社区建设工作。

她们班级进入了社区，用地图的方式画出那些青少年可以使用的“宝藏”，包括孩子们在业余时间可以待着的可靠的地方，他们可以运动和学习技能的地方，以及他们可以得到工作培训或关于信仰的指导的地方等。我的侄女详细地讲述着带有明确的目标感的想法，关于如何识别和加强社区的资源，好让全镇的孩子都可以受惠。她和她的朋友担任了这个项目主要部门的领导职务。事实上，她们的主人翁意识是如此强烈，以至于她都没有意识到搜索组织的存在，或是这一组织在她的家乡发起这一项目中所起的作用。听完侄女关于让她备受鼓舞的活动的描述，我有一个猜测，直到我一个接一个地点开学校网站上的链接，才最终获得证实——其实，这是搜索组织的一个项目。正是搜索组织这种“无形”的作用，才让我的侄女带着一种被唤起的真正的目标感参与其中。

搜索组织建设社区做法第二点让我欣赏的，是他们对年轻人及年轻人对社会的潜在价值始终保持积极的看待。一些青少年项目以关注青少年可能陷入的麻烦入手，不可避免地最终会把他们当成是问题，在一定程度上需要被“矫正”。与之形成鲜明对比的是，搜索组织是从确定每个年轻人身上所具有的积极“宝藏”入手的。在他的文章中，班森批评过“减少赤字”

这一在服务青年领域占主导地位的观点。把年轻人看作一组“需要规避的风险”（药物滥用、早孕、情绪困扰），或者是“需要解决的问题”（学习障碍、成绩不良、行为失控），这完全是失败主义者的观点，不会有任何益处。一个人若没有什么问题，那就不足以成就有目标感和满足感的人生。

我敢保证，这种“减少赤字”的做法现在占据着主导地位，同时它让人非常沮丧。当我在 10 年前来到斯坦福大学接手青少年研究中心主任的职务时，一系列巨大的海报张贴在这栋楼的墙面上，对我表示欢迎。每一张海报都在“高喊”一个年轻人对自己或他人构成危险的警告。我不记得海报上面准确的信息（因为我在一周内就让人移走了这些海报），但大概包含了这样的说明，比如“你知道数以千计的年轻人会在今年犯下谋杀罪吗？”“你知道每三个年轻人中就有一个会在今年开始抽烟（喝酒或吸毒）吗？”“你知道在美国的很多地方，年轻人是造成致命车祸的罪魁祸首吗？”“你知道大多数的早孕会导致单亲家庭吗？”毋庸置疑，所有的统计数字都是正确的，也确实指出了让人忧心的问题，但它们肯定也无法成为思考年轻人发展潜能中最有成效的出发点。

由彼得·班森、理查德·勒纳以及其他一些持相似观点的科学家倡导的“青年发展的积极方式”现在已经获得教育界的普遍支持。研究者和实践者发现，这个方法远比把关注点放在“孩子有什么问题”的方法更加有效。这种积极方式认识到了年轻人所面对的发展方面的挑战，但它拒绝把发展过程看成主要就是努力克服“风险”和“赤字”。与之相反，它强调展示年轻人的潜能，包括那些背景上没有任何优势的年轻人，以及有很多不良历史记录的年轻人。这种积极方式的目标在于理解、教育，以及让孩子投身于有益的活动，而不是去矫正、治疗，或把他们当作有适应不良倾向或所谓的“有障碍”来对待。

班森、理查德以及其他研究者为之后更为明确的努力铺平了道路，以帮助所有年轻人找到他们的人生目标。为了让我们的社会尽可能最有效地促进这些努力行为，这个研究也指出了我们应当遵循的一套核心方法。在社会的层面，这些原则有助于建立一个整体的、有目标感的文化氛围，可以让这个社会中每个成长中的人都能感受到。

培养自信、积极进取的人生观

正如上一章我们所提到的，从父母口中说出的最有价值的四个字是“你能做到！”。社会当然无法出声表达，但它们同样可以传递信息。在当今时代，我们的社会已经选择不去向每个孩子传递这样的信息：他（或她）“能做到”。与之相反，每过一年，我们似乎就会找到新方式让孩子知道，生活是充满风险和苦难的，没有我们持之以恒的帮助和提醒，他们就无法应对。

作为三个孩子的父亲，我当然理解想到孩子受到伤害可能带来的巨大恐慌。但我们对孩子的外在保护已经深入到他们的日常活动层面，不禁让人怀疑我们是不是实际上在把他们训练成“胆小鬼”。就为今后的生活做准备而言，这完全不是保护他们的最佳方式。到了 2007 年，美国几乎所有游乐场里的攀登架都被拆除了，躲球游戏则成为学校明令禁止的体育项目，还有（似乎是为了证明每一种愚蠢的狂热总会不断突破新的边界），科罗拉多州的一所学校禁止在课间休息时玩“捉人”游戏。警告孩子不要在交通繁忙处玩耍是一回事，对一些顶多算是调皮的行为完全禁止则是另一回事。(即使对这些调皮行为认真看待，我们就真的希望孩子在成长过程中回避从远足到坐飞机所有这些小概率危险事件吗？）关于如何应对生活，这样的禁令会向孩子们传递出一种什么样的讯息？

把孩子看作病态的，这也是在传递一种负面讯息。近些年被诊断有“学习障碍”的孩子的数量逐渐增多，这种带有贬义和误导性质的标签，对孩子如何被看待、对待和治疗会产生巨大的影响。一些孩子之所以被贴上这样的标签，主要是因为他们表现出情绪上的不安，在一个对孩子没有太多保护意识的文化环境里，这种情况通常被当作普通纪律问题来处理。“障碍”这个标签本身可能会变成一种自我实现，因为孩子们能很敏锐地意识到别人如何评价他们，他们的自我概念在很大程度上建立在别人如何看待他们的基础之上。我们把这个标签贴到更大比例的人口身上（特别是男孩），表明一种倾向在变得越来越普遍：把孩子看作脆弱无能的，他们需要持续的保护，以免接受日常生活中原本普通的挑战。

我们的社会应该尽最大努力让所有的孩子都能拥有人们所能赋予他们的尽可能多的有利条件，包括真正有帮助的医疗和心理辅导服务，这本身是没问题的。但是孩子的天性、健康、经济状况、家庭背景以及其他条件总是会有局限性，是不为我们所控制的（当然我们的控制也难免存在不完美之处）。事实上，孩子们会在挑战中茁壮成长，并通过适度的冒险，学会以一种有能力、自信的方式来应对这个世界。我听过的最好的养育小窍门来自玛利亚·雪佛（Maria Shriver）。她对一个媒体秀评论道，她会建议孩子“每天做一件让自己感到害怕的事情”（我相信她指的是很安全，但具有挑战性的事情）。关键不在于让孩子经历一些不必要的可怕事件，而是教会他们自信地应对未来人生中可能出现的一些状况。

最重要的是，孩子们一定不能养成因害怕自己不能应对困难而回避的习惯。对任何目标的追逐都必然会遇到一些艰难时刻。好消息是，每个孩子都能按照自己的方式去解决困难。只要孩子还能用大脑思考，他就不是完全的或永久的“障碍”。无论遇到什么情形，总有一些有用和可以带来自我实现的事情，是孩子可以学着去做的。要鼓励孩子努力扩大他们的学习范围，加强他们的学习动机，让他们学得更多。如果把一个任务想象得太过困难，会限制孩子潜能的发挥，并让他感到沮丧。

如果一个社会总是想着“在当今这个世界，做个孩子是多么难”或“一个孩子如果没有一定的关键优势，生活会多么艰难”，那就无法解决所谓的青少年问题。来自积极青年发展研究的好消息是：我们知道，即使在最艰难的环境中，孩子都能生存下来，并且茁壮成长。那些最可能茁壮成长的孩子，会朝着积极的目标前进，而不会让困难阻挡他们的步伐。这些是有目标感的孩子，他们发现好的进攻就是最佳的防守，以帮助他们抵抗来自周遭世界的认为他们“无法做到”的态度。对于大人来说，我们不应对发现的情况放任不管，必须要时刻检视我们的社会是如何对待孩子的，确保我们督促孩子去做的一些事情，表明了我们对他们能力的坚定信心，以及对他们取得成功的期待。

学校中的目标感培养

在努力让学生追求学业成绩的误导之下，学校仅仅关注语言和数学的技能，并把压力施加给老师，要提高标准化考试的成绩。结果可想而知，一些学生做得很好，他们几乎在任何学习环境中都能适应；其他学生对标准化模式很难适应，并因此对学习失去兴趣；大多数学生以中等成绩胡乱地应付过去，对于为什么老师要教给他们这些内容知之甚少。对于老师来说，他们觉得被迫把时间花在“为考而教”上。最近，两位教育界的领袖卡斯特·芬恩（Chester Finn）和戴安·拉维奇（Diane Ravitch）尖刻地评论道：“我们正冒着把美国学校变成备考技能培训工厂的风险，在这里，除了基础科目的考试分数，其他什么都不重要。”[17]

只关注应试的单一思维，不仅限制了老师对学生应该学什么和怎么学的判断，也把本来可以讨论一些更广泛问题的机会给排挤掉了，比如一个人可以并且应当用学习到的知识在学校之外的世界里做点什么（这是关于学习的目标的最为重要问题）。

如果我们把公立学校变成像卡斯特和戴安所描述的那样，除了没什么意义的备考“什么都不重要”的地方，我们就是在剥夺学校激发学生目标感的能力。这两位作者指出，这种状况甚至对于学校想要谋求的目标——国家经济竞争力——也没什么好处；除此之外，学校还会完全错失完成最紧迫的公民教育任务的良机：“我们需要学校帮助我们的孩子在全球劳动力市场上有竞争力，同时也要帮助他们成为我们的社会、我们的文化、我们的社会管理还有我们的经济建设的全面参与者。”

最重要的是，学校必须跟学生沟通“为什么”的问题，即学生在学校从事学习活动是为什么。为什么要学习这些科目？为什么阅读和写作是重要的？为什么要把单词拼写准确？（这不仅可以帮助学生更好地理解学校教育的目标，还可以让他们看到一个受人尊敬的成年人自身对目标的追寻。）为什么我们规定考试不准作弊？（这是一个传授诸如诚信、公正和正直等道德标准的好方式。同样，这也是大多数学校，甚至是大力开展品格教育的项目没有把握住的机会。）从根本上来说，为什么你和你的学生会在这里呢？

每门课程都应该把“为什么”问题放在最前面来教。卡斯特和戴安认为人文学科尤其适合用这种方式来教（“历史和文学还应该传授给学生……提问题的能力，去问‘为什么”以及“为什么不”）。但我在自己的工作中发现，自然科学学科也适合让学生提出问题，并且一个附带的好处是，这些问题通过让人对一些问题变得兴奋，从而激发学生对晦涩难懂的学科问题的兴趣。几年前，我有一个机会在一群有天赋的学生参与的暑期学校项目中实践这一想法。我们讨论了最近的微生物领域的研究，以及由此所引发的道德伦理问题，例如对“克隆”的社会赞许情况。学生们热情满满地拿下了这门很难的科学课程，至少部分是受对极其重要的道德问题的更深入的理解所驱动。

如果学校恪守本责，要把学生培养成为“我们社会的全面参与者”，就必须要教他们如何作为积极公民参与到社区服务中，还要教他们如何在社会中发挥作用。在第一件事情上面（参与社区服务），美国的学校在过去的几十年里做得相当出色，取得了相当大的成功。我们的调查表明，超过 50% 的高中学生至少每月参与一次社区服务，超过 25% 的学生每周都参与。但是在公民参与的这条“阵线”上，我们还有许多要做的事情。

特别是，当代年轻人对政治的了解和兴趣还显得很薄弱，以至于我们不得不为此而担忧未来。这不能被简单地理解为参与投票的问题，事实上，在 2004 年的选举中，年轻人的投票率已经呈现上升趋势。公民生活（参与地方公职竞选、参与邻里会议、参与委员会事务）已经被远远甩到年轻人所关注的领域范围之外，这些活动在关于“年轻人如何利用时间”的调查当中几乎都没有出现。我们已经从调查中看到，大多数年轻人对公民和政治领袖几乎都没有钦佩感，意识不到自身在管理我们的社会方面发挥的任何作用。在我所知道的每项调查中，青少年体现出的公民精神明显低于其他年龄段的人群。例如，全美退休者协会（AARP）进行了一项民意调查，2006 年 7 月公布了调查结果，50 岁以上的成年人中，有 74% 的人认为自己是非常爱国的，与之形成鲜明对比的是，在 18 ～ 34 岁的年轻人中这一比例只有 34%。社会科学家评估后发现，在美国历史上从未有过这样一个时期，20 ～ 30 岁的年轻人只有这么少比例的人曾经寻求或担任过政府或公民组织中的领导角色。

当今的年轻人并不认为他们能够为世界带来改变，也没有太多考虑“如果可以的话，他们想给世界带来什么样的改变”。实际上，似乎很多年轻人对我们的政治体系了解甚少，甚至不知道该如何参与。

卡内基促进教学基金会的安·柯比和她的同事们在大学的层面研究了这个问题。项目组指出，相比较政治活动，大学生更愿意去参加社区服务。无疑，这正是上文描述的情形所造成的结果：我们的公立学校在促进学生参与社区服务方面取得了成功，但在学生对政治的了解以及积极参与方面，教育工作仍显不足。由于学生缺乏如何参与的知识，他们就倾向于怀疑自己无法在政界作出任何有价值的事情。卡内基项目研究发现，学生有这样的陈述：“我们并没有看到政治跟我们的个人生活的关联”，以及“我们不相信那些政治人物或政治程序”。

但安和她的同事们同时也发现，恰当的大学课程或项目可以改变学生的态度，教给他们“作出正确政治判断”所需要的知识。当给学生提供可以展现“政府是如何工作的”这类课程以及课外的活动时，学生就能够从中获得一些他们所需要的知识，以及参与其中的动机。此外，那些起初对此表现出最少兴趣的学生，往往是收获最大的。卡内基项目组建议，中学教育和高等教育都应该像他们重视鼓励学生参与社区服务一样，重视促进学生参与政治活动。尽管这项研究关注的是高等教育领域，但项目组的建议与中学教育的关联更紧密，因为那里是学生最早形成对参与政治的理解和态度的地方。

正面的榜样

学校里的教育，必须通过学校外的一些正面案例来强化。年轻人总是通过观察成年人来获得提示，看什么是值得追求的，以及最好的追逐方式是什么。如果成年人倾向于愤世嫉俗和自私自利，那么我们可以肯定，孩子们就会获取这样的信息。遗憾的是，我们身处在一个很多公职人员树立了糟糕榜样的年代。公职人员应该为年轻人展示一个令人钦佩的模范榜样，这点在近代的政治评论家看来，已经不抱什么希望了。在又一次曝光近年来几乎是无休止的丑闻事件之后，一个知名博客提出了对政治家和公职人员的这样的观点："总会有污点，若非贪污，就是违背原则的行为，认为他们是道德领袖的想法简直太愚蠢了。"《纽约时报》的一位专栏作家则指出，她希望这些官员能够通过好的法律条款，作出明智的决策。她用一种无可奈何的语气写道："我们并没有'雇'这些我们选举的官员去塑造孩子的品格。"

如果这就是我们今天对政治领导者的主要看法，如果我们已经对自己的想法(认为他们可能代表着不道德行为)听之任之，那么学生对主流政治毫不感冒，还有什么好奇怪呢？我们当然没有"雇"政治领导者负责塑造孩子的品格，但我们有权期待一种可敬的榜样行为，可以成为任何市政领导者工作职责的组成部分。政治领导力，归根结底，不仅是关于特定任务或服务的履行，至少和这些同样重要的，是领导者所促进的公共精神。希望我们的领导者能够促进公共道德精神，绝对不能算是"愚蠢的”。毫无疑问，年轻人敏锐地观察着社会当中这些有权势、地位的人，他们自身的态度和行为也会因他们的见闻而受到极大影响。

让问题显得更加严重的是，新闻媒体经常大肆渲染政治领袖的丑行，而不是以负责任的方式进行报道。当下这种“狗仔队式”的新闻报道也许能让报纸大卖，也许不能（在行业里对于这一点尚存怀疑，尤其是看到发行数字的逐渐下降），但几乎毋庸置疑的是，这样的报道会导致所谓“愤世嫉俗的螺旋式上升”，这是一位媒体评论人对已经影响整个社会的政治参与的描述。同样的，还是那些正在对社会及其管理者形成第一印象的年轻人，受到的影响最大。

不仅如此，这个问题的影响还超出了政治领域的范畴。大众媒体常常把企业的商业行为描述成只不过是一心只想谋私利的贪婪行为，领导者以腐败的、无情的，但却刚好能逃脱惩罚的方式操纵着这些行为。在电视和电影里，商业人士最常被刻画成贪婪的、不诚实的，或是彻头彻尾的恶棍。一项关于电视媒体如何描绘企业领导者的研究发现，“在黄金时段里播放的电视剧中大部分的首席执行官都被描绘成犯了重罪”，而且好莱坞普遍是以贬低而不是欣赏的角度来描绘领导者。在我们社会的其他领域，媒体的报道会凸显体育明星、艺术名流以及其他知名文化偶像的坏毛病，但同时，媒体也在美化着这些名人，这就给年轻的观众传递了一种确实让人难以辨别的信息。

以上这些没有一个在年轻人找寻目标上发挥了建设性的作用。实际上，就找寻积极的榜样而言，现在的年轻人最好将目光从主导着大众传播的媒体上移开。在任何一个社会，媒体工作者做好自己的本职工作，报道公众需要知道的并依此作出决策的信息是很重要的。那些诚实、勇敢地报道公共事件的记者，本身就会成为年轻人公民意识方面的正面榜样。而当报道的天平从充满活力的“调查”转变为服务自身的哗众取宠时，年轻人会看穿这一点，从此不再认真对待新闻报道。这不仅会助长年轻人愤世嫉俗的心态，还会让年轻人相信，他们几乎很难——如果有的话——在公共领域找到积极正面的榜样。

如果想要让年轻人渴望成为最充分意义上的积极公民，他们所观察到的公众人物必须散发出一种目标感，并且不要以那么明显的方式表现出自私自利行为。同样的标准也适用于公众视野范围内任何一个职业领域的领导者。当然，这些要求不能凌驾于基本法律之上（尽管是比这里所说的标准更低的一些要求，有一些人还是很难遵守）。令人钦佩的公众行为必须变成个人自觉的意识和良知。公众人物必须理解并履行他们的职责，树立积极的榜样。他们必须认识到他们的行为在年轻一代人身上的影响，年轻人一直会看着他们；他们必须使自己的言行保持一致。他们还应该努力去传达自己的目标感，对于他们想要达成什么样的目标这类问题，必须要清晰地、坦诚地回答。如果网络、纸媒和广播在报道我们的社会里具有影响力的人物时，聚焦在“什么对他们来说是重要的”以及“为什么”，而不是关于他们的“不法行为”和“过失”，那么挡住年轻人视线的愤世嫉俗面纱将会被掀起，年轻人将能认识到在社会中做一个完整意义上的公民意味着什么。

过往已去，未来将至

从很多方面来说，这本书描述的都是父母的善意初衷，但这种初衷一直以来都是急功近利、与本意相背离的。我们想要努力激励孩子走向成功，但却无法带给他们真正的幸福，因为我们过于注重肤浅而短暂的成功的标识，而不是持久的、能给人生带来满足感的目标。我们努力保护孩子免受日常生活中真实和想象中的危险，这限制了他们的视野，减少了他们掌握技能的机会，这些技能是他们将来在真实世界里打拼所需要的。我们努力迫使学校“生产”更高的考试成绩，剥夺了学校逐渐培养出学生广阔的世界观以及强烈的学习动机的能力。这类学生在离开学校很长时间后依然需要的视野和动机过早地夭折了。这种急功近利的做法破坏了我们本可以赋予孩子的所有潜在的、有启发性的目标。从经济方面来说，它让孩子不足以应对这个全球化的世界（这是对他们所处时代的定义）；从心理上来说，它给孩子种下了悲观、犹豫、自我怀疑的种子；从道德上来说，它打开了通往自私自利、愤世嫉俗，只是建立在物质渴望基础上的世界观的大门；从社会角度来说，它导致孩子与市政事务的脱离，以及公民意识的欠缺；从长远来看，无论是孩子还是社会，都不会成为赢家。

在任何时代、任何地方，包括我们当下所处的时代和地方，都有很多年轻人带着目标感茁壮成长。他们找到自己通往满足和幸福的道路，通常会获得一些成年人的指导，带他们接触能激发他们的目标。如果本书是对处于漂泊或沮丧状态的年轻人发出的警告，那它同时也通过对那些努力发挥其最大潜能的年轻人的描绘带来了希望。当今的年轻人是一种相当混合的状态：一些人带着目标感茁壮成长；一些人似乎对任何有目标感的事物都不在乎；有一小部分人（最深陷麻烦的）投身于毁灭性的结果；而大部分人（我们研究当中的多数年轻人）在做着或思考着能将他们带到有目标感的方向上的事情，但还是很难持续地投入到一件事情上。

对本书的每一位读者来说，应该都很清楚其中的含义。对于那些已经开始在一些具有潜在目标感的活动中有所尝试的年轻人，我们应该鼓励他们有更全面的思考，关于这些活动可以给世界带来什么价值，以及如何能够给自己的生活带来意义感；对于那些憧憬着极大可能性的年轻人，我们可以帮助他们聚焦在他们真正能够实现的事情上面，并且教他们如何制订切实可行的计划来实现他们的目标；对于那些对自我之外的事情几乎没有任何兴趣的年轻人，我们可以让他们看到投入付出所带来的回报，以及无所事事的危害；对于那些迷失方向，或是投身可能导致反社会倾向的目标的年轻人，我们可以让他们参与到关爱的道德关系中来，向他们传达明确的是非意识。通过这些方式，就为每一个孩子指明了能够把他们引向有崇高目标感的生活的选择。

最终，所有的年轻人都会作出自己的选择：没有人可以在此替代他们。但我们极有可能做的，是让他们作出能给他们的一生带来幸福感的好选择。我们能够带给他们点燃他们想象力的可能，鼓励他们通往最高理想的引导，帮助他们实现远大志向的支持，以及创造激发他们而非让他们意志消沉的文化氛围。在这样的关怀下，没有年轻人不会感到振奋。通往目标之路是为每个人敞开的，通过帮助所有的年轻人找到目标，我们整个社会也将拥有一个充满希望的未来。

附录：青少年目标研究中的调查问卷

这是我们『青少年目标研究』中使用的调查问卷。这些问题可以以有趣的方式开启启发式谈话，以帮助识别这些年轻人的兴趣，并给他们以指导。

第1步：介绍

1. 介绍一下你自己，你是个什么样的人？

2. 你真正关心的是什么事情？你为什么会关心这些事情？

3. 你生活中最重要的事情是什么？它们为什么对你来说是重要的？

4. 你有长期目标吗？这其中有没有一些你认为比较重要的？为什么这些目标比较重要？

如果得到的回答是“没有”，我想知道，为什么你不愿意选择一些目标呢？

（或者）没有目标对你来说意味着什么？

如果得到的回答是“有”，你现在有做些什么来实现这些目标吗？

（如果回答“有”）你做了什么？

（如果回答“没有”）是什么阻碍你采取行动去实现目标？

5. 你认为过上好生活意味着什么？

6. 你认为做一个好人意味着什么？

7. 你认为最近让你花费最多精力的是什么事情？

8. 回想你以前的生活，你希望别人怎样记住你？你希望别人记住你什么？为什么？

第 2 步：目标的激励与重要经历

1. 你之前提到某某事情对你来说很重要，能不能告诉我它是如何以及为什么变得重要了？它从什么时候变得对你来说重要了？

____

____

____

2. 为什么你对这个目标或事业如此热衷，而对其他目标或事业并不如此？

____

____

____

3. 有没有人在一开始帮助你为追逐目标采取行动？

____

____

____

4. 你认为你的家人和朋友也在关注同样的事情吗？你的家人、朋友或身边其他人大致上是支持还是反对你的做法？

5. 你是否找了其他人一起参与进来？（如果得到肯定的回答）你当时采取的是什么方式？

6. 除了特定的人，有没有其他因素对你产生影响（书、电影、特别的经历或其他事物）？

第 3 步：坚持目标所需的机会与支持

1. 你有敬仰的人吗？

2. 你有生活中的导师吗？这位导师或其他人身上有哪些你欣赏的特质？

第 4 步：阻碍、压力与回报

1. 投身到这一目标中，对你而言一直感觉困难重重吗？在这条道路上一直坚持，会不会让你感觉很艰难？

2.（如果问题 1 回答“是”）阻碍是什么？你是怎么克服它们的？

第 5 步：未来的目标和责任

1. 你所具有的哪些优点，可以帮你实现这些重要的目标？你所具有的哪些不足，会让这件事情变得更加艰难？

____

____

____

2. 想象一下你 40 岁时的样子，你会在做什么？谁会出现在你的生活中？什么对你来说是重要的？你所关注的领域会发生什么变化？

____

____

____

3. 在不久的将来，你的打算是什么？比如说在接下来这几年中？

____

____

____

第 6 步：目标的类别

1. 跟我说说你的家人和朋友。

2. 相比生活中的其他事物，家人和朋友对你来说有多么重要？为什么？

3. 你想在某一天建立自己的家庭吗？为什么？这对你来说有多么重要？为什么？

4. 你有格外做些什么向家人或朋友表明他们对你很重要吗？（如果回答“有”）你做了什么？为什么？

5. 宗教、信仰、精神生活或上帝在你的生活中扮演了什么角色（如果有的话）？你会积极参与教会或社区组织的活动吗？在那里你都做些什么？

6. 你所在的社区对你来说重要吗？它对你的生活有什么影响？你有做什么事情推进社区的发展吗？你有做社区服务吗？（如果回答“有”）你都做了什么？为什么要做这些？

7. 对你来说，公民意味着什么？做一个公民对你来说重要吗？为什么（或为什么不）重要？

8. 当你长大之后，你想从事什么样的工作？为什么？这个职业对你来说会很重要吗？为什么？
会有多重要？为什么？为你人生的这份工作（或职业），你现在有做什么准备吗？

第 7 步：结束

1. 我们的访谈就要结束了，关于人生当中对你来说最重要的东西，或是你想要努力去达成的目标，还有没有一些补充？

2. 我们来总结一下，你认为此刻对你来说最重要的事情是什么？随着你的年龄增长，对你来说，它会依旧是这么重要吗？为什么（或为什么不是）？

家庭目标清单

家庭成员 <u>爸爸</u> 的目标

你的目标是什么？

这个目标对你有什么意义？

这个目标对社会有什么意义？

你为这个目标付出了怎样的努力和坚持？

在追求目标过程中，你从家人和朋友身上获得了什么样的鼓励和支持？

家庭成员 __妈妈__ 的目标

你的目标是什么？

____

____

这个目标对你有什么意义？

____

____

这个目标对社会有什么意义？

____

____

你为这个目标付出了怎样的努力和坚持？

____

____

在追求目标过程中，你从家人和朋友身上获得了什么样的鼓励和支持？

____

____

家庭成员__我__的目标

你的目标是什么?

____

____

这个目标对你有什么意义?

____

____

这个目标对社会有什么意义?

____

____

你为这个目标付出了怎样的努力和坚持?

____

____

在追求目标过程中，你从家人和朋友身上获得了什么样的鼓励和支持?

____

____

家庭成员 ______ 的目标

你的目标是什么?

____

____

这个目标对你有什么意义?

____

____

这个目标对社会有什么意义?

____

____

你为这个目标付出了怎样的努力和坚持?

____

____

在追求目标过程中，你从家人和朋友身上获得了什么样的鼓励和支持?

____

____

家庭成员 ______ 的目标

你的目标是什么？

____

____

这个目标对你有什么意义？

____

____

这个目标对社会有什么意义？

____

____

你为这个目标付出了怎样的努力和坚持？

____

____

在追求目标过程中，你从家人和朋友身上获得了什么样的鼓励和支持？

____

____

尾注

1. Jeffrey Arnett, *Emerging Adulthood: The Winding Road from the Late Teens to the Twenties* (New York: Oxford University Press, 2004), p.6.

2. U.K. Parliamentary Archives, 2002.

3. Martin Seligman, *Authentic Happiness: Using the New Positive Psychology to Realize Your Potential for Lasting Fulfillment* (New York: Free Press, 2002).

4. Anthony Seldon, "It Is Worthwhile Teaching Children Wellbeing," *Financial Times,* June 25, 2007, 13: 5.

5. Madeline Levine, *The Price of Privilege: How Parental Influence and Material Advantage Are Creating a Generation of Disconnected and Unhappy Kids* (New York: HarperCollins, 2006), p.5.

6. "Suicides Increased by 8% in the 10 to 24 Age Group," *Wall Street Journa*l, September 7, 2007, p.B4.

7. Bonnie Benard, *Fostering Resiliency in Kids: Protective Factors in the Family, School and Community* (San Francisco: Far West Laboratory, 1991).

8. Ronald Dahl, "Adolescent Brain Development: A period of vulnerabilities and opportunities," *Annals of the N.Y. Academy of Sciences*, 1021(2004), 1-22.

9. A.Colby, L.Sippola, and E.Phelps, "*Social Responsibility and Paid Work,*" *in A.Rossi, ed., Caring and Doing for Other: Social Responsibility in the*

Domains of Family, Work, and Community (Chicago: University of Chicago Press, 2001) .

10. Chris Hedges, 35% of High School Seniors Fail National Civics Test, *New York Times*, Sunday, November 21, 1999.

11. *Report on the Official Account of the Bombings in London on 11 May 2006*, House of Commons, Westminster, U.K.

12. *Denver Post*, July 7, 2006.

13. *Time magazine*, December 20, 1999, p.42.

14. A. Astin, The Changing American College Student: 30 Year Trends 1966-1996, *Review of Higher Education*, vol.21. no.2(1998), 115-35.

15. M. McPherson, L. Smith-Lovin, and M. Brashers, *Social Isolation in American: Changes in core discussion networks over two decades*, American Sociological Review, 71(2006), p.371.

16. The "Say Yes to No" Coalition, founded in Minnesota by psychologist David Walsh-see J.Zaslow, The Entitlement Epidemic, *Wall Street Journal* , July 19, 2007, p.D1.

17. Chester E. Finn, Jr., and Diane Ravitch, Not by Geeks Alone, *Wall Street Journal*, Wednesday, August 8, 2007, p.13.

出版说明

本书正文部分，页下注均为译者注，原文中的注释，一律放在书后。原书后附有资料来源及采访记录，我们只选择了部分资料来源，采访来源，对同一资料的多处引用，不再重复标注。

在本书出版过程中，我们进行了认真的编辑加工，力求译文的准确、逻辑完整，但仍难免有不当之处，敬请指正。

[美]迈克尔·C·莱克特 著
叶红婷 张婷 译
国际文化出版公司
定价：69.80元

《培养男孩》

用情感连接的力量塑造男孩的人格
哈佛大学“Best for Boys”系列讲座
伯克利分校评为“2019年最佳养育图书”
儿童教育专家李跃儿作序推荐

为那些关注男孩和青少年心理的人，提供前沿的神经学研究成果和心理学新理念，它将帮助每一位父母和老师成为男孩成长的最有效支持者，把男孩培养成懂自省、能共情，具备建立人际关系能力，能够应对现代生活挑战，具有更丰满人格的人。

作者通过30多年的丰富案例研究，挑战“男孩自然会成为男人”的传统观念，指出当下男孩成长面临的六大挑战：情绪风暴、适应学校、同龄交往、情感启蒙、运动损伤、霸凌与脆弱，为男孩健康成长和拥有完整人格提供指引，并扫清刻板印象的障碍。通过父母的情感连接，为孩子未来取得学业、事业和家庭的成功，打下最坚实的基础。

[澳]布鲁斯·罗宾森 著
李菲 译
国际文化出版公司
定价：49.80元

《忙碌爸爸也能做好爸爸》

樊登私房藏书
再忙，也有办法多陪陪孩子
妈妈做再多，也无法替代爸爸的作用

父教缺失是当今，特别是城市家庭中的普遍现象。父教缺失最容易导致男孩终生“缺钙”：男孩变“娘”、懦弱，女孩产生不安全感等，会对孩子的性格造成不可逆的终生影响。

为此，作者以作研究的严谨态度，访问了超过75位爸爸及其家人。这些爸爸来自社会各个阶层，包括白领职员、企业高管（微软副总裁）、文体明星（国际著名导演梅尔·吉布森）、国家领导人（澳大利亚前总理）等，一起分享如何照顾孩子、如何在家庭与工作间找到平衡、如何与妻子相互协助、如何与孩子建立起亲密关系……

[日]林成之 著
解礼业 译
国际文化出版公司
定价：45.00元

《儿童专注力培养方法》

国际脑神经学权威力作，融汇世界脑科学前沿成果

日本奥运冠军都在用的专注力培养方法

日文版上市三年，加印30次，风靡日本教育界

人们都想把孩子培养成注意力集中的人，这是因为注意力集中，是孩子学习知识和技能，并取得好成绩的一个重要因素。孩子具备了这个能力，在各种情况下都能发挥潜力，做到最好，长大后亦能大展宏图，亲手描绘自己的幸福人生。提高专注力，能使孩子在学习方面表现更加出色，在运动方面也能收到意想不到的效果。

本书是林成之教授关于儿童专注力发展研究的前沿成果，指出影响专注力的关键因素是情绪；并根据儿童大脑发育周期，提出了“0~3岁：本能培养期”“4~7岁：习惯培养期”“7~10岁：自我成长期”的分期的孩童专注力培养方法，帮助家长科学地培养孩子的专注力。

[韩]全声洙 著
熊懿桦 译
国际文化出版公司
定价：49.80元

《哈柏露塔学习法》

大声发问，用力思考

犹太父母都在用的哈柏露塔高效学习法

犹太精英出类拔萃的秘密，就是传承三千八百年的“哈柏露塔”学习法

30%的诺贝尔奖得主是犹太人；哈佛、耶鲁等常春藤名校，犹太人录取率高达30%。犹太人如何打造学习奇迹？答案就在“哈柏露塔”。犹太人擅长协商，在金融、媒体、法律及经济领域能崭露头角，成为世界一流人才，就是因为，他们在家庭、学校与职场等不同场合，都通过“哈柏露塔”学习法培养各种能力。

“哈柏露塔”学习法将死背转变成讨论，将孤立式学习转变成沟通式学习，将枯燥的学习转变成愉快的学习，最终，将知识转变成思考、判断、沟通和创新的能力。